LE POUVOIR DE LA PAROLE

UN GUIDE POUR DECOUVRIR LA VERITE SUR LA SCIENTOLOGY

Gabriel Carrion Lopez,
avec la collaboration spéciale de
Ivan Arjona Pelado

Walking Away SL
Avec la collaboration de FoRB.PRESS

Walking Away
Apartado 42 - 30710 Los Alcázares (Murcia)
Contact : noticiasypalabras@gmail.com

© 2020 Gabriel Carrión López
et Ivan Arjona Pelado

Ce livre est publié en format papier.
1ère édition août 2020.

ISBN 978-84-122470-1-5

Dédicace

Remerciements Gabriel Carrión López :

À Lafayette Ron Hubbard, fondateur de la Scientology,
À mon compagnon de voyage dans ce livre Ivan Arjona,
Et à tous ceux qui ont envisagé de soutenir ce projet.
Toujours Julia Romero.
Et enfin à Gabriel J. Carrión, mon fils, qui regarde tout avec
Des yeux neufs, signe que le voyage continue.

Remerciements Ivan Arjona Pelado :

A L. Ron Hubbard,
Dont les connaissances, la passion et l'amour
De la vie ont renforcé cet appétit en moi.
À Gabriel Carrión pour sa confiance et son accompagnement.
À ceux qui m'ont soutenu par l'intermédiaire de la Fondation
Pour l'amélioration de la vie, de la culture et de la société
Bien sûr, mes parents Manuel et Clara et
Ma soeur Clari pour leur soutien et leur amour inestimables.
Et évidemment ma partenaire d'aventure Laura Milicia, qui
M'accompagne fidèlement dans toutes les difficultés
Et les joies que cette vie de dévouement peut apporter.

LE POUVOIR DE LA PAROLE

LE POUVOIR DE LA PAROLE

GABRIEL CARRION LOPEZ & IVAN ARJONA PELADO

Table des matières

LE POUVOIR DE LA PAROLE

Brève déclaration d'intention

Nous avons construit une société qui se déshumanise au fil du temps, où les êtres humains sont, de plus en plus souvent, utilisés comme simple main-d'œuvre, ou comme des pièces d'un engrenage contrôlé par les autorités ou les entreprises qui détiennent ou soutiennent le pouvoir. De plus en plus de personnes vivent chaque jour comme des esclaves de leur emploi du temps, de leur conjoint, de leurs enfants, attendant quelques mots pour les stimuler, ou une tape dans le dos pour les encourager. Si cela ne se produit pas, ils sont capables de détruire leur mariage, de quitter leur emploi, voire de plonger dans un état dépressif vraiment sérieux. C'est à ce moment-là qu'on peut vendre son âme au diable. Ce que l'on appelle aujourd'hui violence physique ou psychologique dans le cadre d'une dépendance sectaire à l'égard d'un leader, ne serait-il pas l'équivalent de la même relation traumatique avec une secte de deux personnes portant le nom de relation de couple ?

Nous vivons dans une société en mutation, où les anciens paradigmes sont en constante évolution, où le monothéisme stoïque de certaines religions cède la place à l'émergence de nouvelles formes de croyance, dont certaines sont très intéressantes. Et seule la menace qu'elles représentent parfois pour des religions déjà consolidées les fait paraître absurdement démoniaques. Ne nous laissons pas tromper par la propagande qui accuse tel ou tel groupe d'être sectaire et dangereux pour la santé, ce n'est que bruit médiatique, en définitive, probablement pour cacher les erreurs de certains.

Soyons capables de chercher la vérité par nous-mêmes et, une fois que nous l'avons trouvée, défendons-la avec toute la dignité et la cohérence du monde.

En octobre 2008, j'ai atterri à Londres, perdu. Pour la première fois de ma vie, à l'âge de 46 ans, je n'avais pas de projet pour m'aider à me lever tous les jours et m'obliger à affronter la vie comme je l'avais fait les années précédentes. Je sortais d'une relation personnelle orageuse qui avait dévasté tout ce que j'avais, y compris certains liens affectifs. La crise économique avait balayé mes attentes sociales et professionnelles et j'étais devenu, dans la société du bien-être, un paria avec un métier mais sans avantages, chose que surent apprécier les amis qui s'éloignèrent et les ennemis qui, comme des requins, cherchaient à mordre ce qu'il restait du naufrage. Aujourd'hui, des années plus tard, les ennemis sont partis, après en avoir eu assez de ronger des os, et les amis ne sont jamais revenus, bien qu'il me faille reconnaître que d'autres sont venus et ont comblé les vides de toute cette période. Je les remercie.

Comme je le disais, j'ai atterri à Londres pour rencontrer Ivan Arjona, alors et encore aujourd'hui Président de l'Église de Scientology en Espagne, et j'ai été invité à un événement de l'IAS (Association internationale des Scientologues), dans ce qui était, et est toujours, la maison de L. Ron Hubbard, fondateur de cette Église. De cette expérience, au cœur de l'un des plus importants événements annuels de la Scientology, est né un engagement ferme d'écrire un livre qui a vu le jour en 2011, intitulé *Scientology, la plus longue bataille.*

Le tirage que j'avais fait est épuisé et aujourd'hui, quelques années plus tard, j'espère pouvoir me permettre, bien qu'uniquement en espagnol, de le mettre sur Amazon afin que beaucoup plus de gens puissent y avoir accès. Ce texte a marqué un tournant dans ma perception des sectes et des groupes sectaires et, comme on pouvait s'y attendre, dans ma bienveillance envers ce groupe religieux, alors que dans le passé je les avais attaqués avec une certaine véhémence. Cela m'a valu d'énormes critiques, surtout de la part d'experts, qui sans lire le texte se sont jetés dans un maelström d'agressions. Mais le plus curieux est que j'ai aussi été attaqué avec véhémence par des membres de la Scientology. Dans ce livre, j'avais essayé de réorienter mes connaissances quant au domaine des sectes et des gourous ou maîtres, et je crois sincèrement que j'ai réussi. Mais l'objectif n'était pas clair, malgré les efforts déployés.

En raison du budget que nous avions à l'époque, beaucoup de matériau est resté inédit ou condensé dans les pages du livre. C'est pourquoi j'ai envisagé de passer quelques jours à réfléchir à ce qui était censé être dit à ce moment-là et ce qui aurait pu rester dans l'encrier. J'ai donc demandé à celui qui reste mon ami, bien que nous soyons moins proches maintenant, Ivan Arjona, de m'accompagner sur le chemin de ce nouveau livre.

Je ne suis pas scientologue, mais j'aime les rituels et en tant que bon étudiant de l'anthropologie de l'occulte et du folklore, il m'arrive de les apprécier de temps en temps là où je ne perçois pas d'hostilité. Ce livre est un long entretien mené sur dix ans, avec des notes prises à Madrid, Londres, Murcie, Alicante, Valence, et même envoyées par courrier depuis Bruxelles ou New York. De tout cela découle LE POUVOIR DE LA PAROLE, un livre dont la Scientology n'a pas besoin, mais qui, je pense, est nécessaire à de nombreux scientologues et non-scientologues.

Étymologiquement, le terme « secte » n'est rien d'autre qu'un nom commun qui décrit un groupe de personnes qui se réunissent pour partager un ensemble d'idées. C'est pourquoi, lorsque les médias de n'importe quel pays dans le monde parlent de manière péjorative des sectes et que pour dénigrer une croyance on la définit comme telle, ils commettent une erreur qui nuit grandement à l'esprit de liberté religieuse qui devrait nous guider dans nos relations interpersonnelles.

Est-il légitime de penser ce qu'on veut à propos des sphères sociale, politique, économique ou religieuse ? Oui. Ce qui l'est moins, est de vouloir imposer dogmatiquement une idée par la force. Cependant, ceci est plus courant que nous le croyons. Nous pourrions, si vous le voulez bien, définir les paramètres sur lesquels nous allons avancer, de sorte que nous tous, vous en tant que lecteurs et moi en tant qu'élément de transmission, nous avancions dans le même cadre de langage. Je voudrais donc préciser que j'évoluerai dans le seul but d'analyser l'Église de Scientology et son évolution à travers le matériel inédit que je possède, et surtout grâce à la collaboration de son président en Espagne, aujourd'hui membre permanent de l'Église à Bruxelles, Ivan Arjona Pelado, sous la forme d'une interview ponctuée de petits commentaires dans le texte. Je le fais tout en avertissant que, oui, les idées extrêmes d'une pensée religieuse, politique ou sociale, conduisent à des attitudes extrêmes qui ne sont pas toujours entièrement bénéfiques pour notre santé et celle des autres.

Pour tout renseignement, veuillez me contacter par email à noticiasypalabras@gmail.com, et je serai heureux de vous répondre.

L'auteur

01
Qui est Ivan Arjona Pelado ?

Je pense en fait que c'est la première fois qu'on me pose cette question. Je me suis présenté à de nombreuses reprises parce que je savais que c'était la chose correcte à faire et parce que j'aime être transparent, mais c'est une drôle de sensation quand on vous demande de vous décrire vous-même.

À mon avis, Ivan Arjona, la personne au niveau intime, et Ivan Arjona, le représentant de la Scientology, sont très semblables. Ivan aime avoir affaire aux gens, et aider ceux qui l'entourent. Depuis mon enfance, je voulais sauver (ou plutôt contribuer à sauver) le monde des injustices qui s'y produisent tous les jours et aujourd'hui je m'y consacre entièrement, renonçant même pour cela à un certain confort.

En ce sens, par exemple, lorsque j'avais 12 ans, j'avais posé ma candidature pour être représentant des élèves au conseil d'établissement de l'école publique de

Bonavista (le quartier où j'ai grandi jusqu'à mes 17 ans et dont je garde un excellent souvenir) et pendant deux ans, j'ai exercé cette fonction.

J'ai joué au basket, j'ai entraîné des jeunes et des débutants et j'ai également arbitré des matchs de football. Avec trois ans d'expérience dans l'arbitrage, je me suis habitué à ce qu'on s'en prenne à moi et à ma famille pour avoir rendu justice et défendu les règles du jeu, et ce « on » était généralement des gens qui ne connaissaient pas les règles du jeu ou qui simplement trichaient. Je me considère comme une personne juste, ou du moins qui essaie de l'être et l'arbitrage a renforcé chez moi ce sens de la justice, en essayant de toujours de faire la chose correcte avec la nécessité de prendre des décisions rapides, la justesse ou l'erreur pouvant changer le résultat d'un match ou peut-être d'une compétition.

Après cela, nous avons déménagé à Barcelone où j'ai découvert l'Église et, en aventurier que je suis, je me suis lancé dans le projet le plus durable de ma vie, à savoir aider à créer un monde ne serait-ce qu'un peu meilleur, même si mes aspirations seraient qu'il devienne bien meilleur, non seulement pour moi, mais aussi pour ma famille (proche et lointaine), mes amis et, bien sûr, tous les habitants de ce monde si plein de défis et d'espoirs.

—◇—

02

Pourquoi appartenez-vous à l'Église de Scientology...

... alors que je sais qu'il y a des membres des Témoins de Jéhovah dans votre famille.

En synthèse, je pourrais dire que c'est parce que la Scientology fonctionne. Bien appliquée, elle est efficace pour améliorer la vie. La raison pour laquelle j'ai approché la Scientology est que j'ai vu que ses méthodes fonctionnent, et c'est après l'avoir vérifié sur les autres et sur moi-même que j'ai commencé à explorer cette spiritualité.

Je crois que ce que l'on attend d'une religion, ce n'est pas seulement qu'elle aide à comprendre ou à avoir une idée de l'au-delà, mais aussi qu'elle aide à survivre dans l'ici et le maintenant. En effet, il y a quelqu'un dans ma famille que j'aime beaucoup qui partage les idées des Témoins de Jéhovah, et il y a entre nous un grand respect et une grande admiration.

Je dois dire que le sujet de la religion, dans mon environnement, a toujours été traité de manière ouverte et tolérante, avec quelques discussions entre nous comme ingrédient du dialogue familial, mais toujours avec affection et désir de comprendre. Lorsque tout est dit ou toléré dans le respect, les divergences de croyances ne sont pas un obstacle à la vie en commun mais quelque chose qui peut nous enrichir en tant que personne.

En général, ma famille – pas mes parents, qui sont tous deux scientologues – est assez proche du christianisme, surtout du catholicisme, bien que chacun à sa façon, et la vérité est que je suis fier de chacun d'eux, avec leurs défauts, leurs vertus et leurs croyances.

—◦∞◦—

03
Quand entrez-vous en Scientology ?

La première fois que j'ai entendu parler de la Scientology (vers 1993-94, je crois), ça ne s'est pas très bien passé, parce que nous avons rencontré quelqu'un qui la comprenait peu. Il se vantait d'être scientologue, mais il en était le plus éloigné de ce que l'on pouvait trouver. Je suppose que je suis tombé sur le mécanicien qui n'aime pas les moteurs, mais je suis quand même reconnaissant parce que mon père a pu voir au-delà de ce comportement, et grâce à mon père nous avons pu découvrir petit à petit ce qui pouvait être résolu en appliquant correctement la Scientology. En 1997, à la recherche d'un meilleur niveau de vie, nous sommes allés vivre à Barcelone.

C'est alors que les choses ont changé presque radicalement pour le mieux. Mon père allait souvent à l'église à Barcelone (qui se trouvait alors dans la rue

Pau Claris, près de la Plaza Catalunya et de Las Ramblas) et ma mère commençait également à s'y rendre, pour aider, et nous avons vu mon père développer une plus grande capacité à gagner sa vie. Il a toujours été un travailleur acharné, mais avec la Scientology, il a acquis la confiance nécessaire pour franchir le pas de travailler pour lui-même en devenant l'un de ces héros espagnols : « les indépendants ».

J'ai également vu ma sœur redresser sa vie en changeant quelque chose qui aurait pu la faire échouer sur de tristes rivages (qui ne connaît pas les choses folles que l'on peut faire à l'adolescence) mais elle a su, avec l'aide de la Scientology, diriger sa vie vers des objectifs et des habitudes saines pour le corps et l'esprit. En outre elle s'est mise à aider les autres pour qu'ils aillent aussi dans cette direction.

Enfin, après avoir vu ma famille se ressaisir grâce à ce qu'ils apprenaient en Scientology, ce fut mon tour, après une rupture.

J'ai suivi un petit cours sur le sujet du couple et j'ai fait quelques heures d'audition[1] (conseil spirituel de la Scientology), grâce auxquelles j'ai pu me remettre d'un état d'affaiblissement émotionnel et physique qui, je crois, aurait duré au moins des semaines, voire des mois, mais que j'ai pu résoudre en seulement 5 heures d'audition à l'Église de Barcelone. Avec toutes ces expériences, une fois qu'on m'a proposé de me consacrer à aider le monde à l'aide de la Scientology, avec mon esprit aventureux et idéaliste, j'ai décidé bille en tête de me plonger dedans, quelles qu'en soient les conséquences, et je peux dire avec une certitude totale, 23 ans plus tard déjà, que je ne le regrette pas le moins du monde.

Cet affaiblissement émotionnel dont vous parlez, serait-il commun à beaucoup d'autres personnes ?

Oui, bien sûr, c'est l'état typique où vous n'avez plus envie de manger, où votre monde s'écroule, où il vous tombe dessus. Je me souviens avoir passé plusieurs jours sur la plage de Barceloneta à m'apitoyer sur mon sort et c'est drôle car cela ne m'était jamais arrivé auparavant. J'ai dû apprendre à résoudre ce problème et d'autres et c'est là que la Scientology est entrée en scène pour moi (et de manière efficace).

Cette première fois, vous êtes-vous senti surveillé dans le processus d'audition ?

Non. La vérité, c'est que je me suis senti pris en charge, protégé, j'ai vu que l'on s'intéressait à ce qui m'était arrivé. Un sentiment fantastique d'être compris, aidé, sans être jugé. Cela m'a permis de voir clairement par moi-même ce qui m'était arrivé et de faire de cette situation une expérience d'apprentissage et non de douleur.

⟡

04
Vous n'avez pas eu peur ?

Cela ne vous a-t-il pas effrayé que tant de medias définissent la Scientology comme un mouvement ou une religion négative et sectaire ?

Non. Depuis mon plus jeune âge, mes parents m'ont appris à écouter ce que les autres disent, mais à connaître et/ou à vivre et même à analyser les choses par moi-même, en étant responsable de ce que j'apprends et de ce que je fais. Avec cette base éducative, il est difficile de se retirer de quelque chose sans le connaître, même quand les autres en disent du mal.

Dans ma famille (comme dans toutes), des erreurs ont été commises, dont on tire des leçons, et cela ne m'a pas fait me séparer d'elle sur le plan affectif, bien au contraire, car c'est en surmontant les obstacles que l'on parvient au bonheur (ou que l'on s'en rapproche).

Dans tous les groupes, même les meilleurs, il y a des gens qui agissent de manière incorrecte, ou du moins qui ont des attitudes qu'il faut changer ou améliorer, mais cela n'invalide pas tout le bien qui peut être en eux, et étant tous imparfaits, il serait assez injuste de commencer à critiquer simplement dans le but de détruire plutôt que d'améliorer. Je n'aime pas que les gens soient négatifs, même si je peux l'accepter, c'est pourquoi j'essaie de ne pas être négatif et de cultiver les choses positives tout en cherchant des moyens efficaces de changer les choses toujours pour le mieux.

Aujourd'hui, on peut vous dire du mal de n'importe quoi dans la vie, donc si nous écoutions tout cela, nous ne ferions jamais rien ; nous n'irions nulle part, nous ne nous lierions à personne. J'ai osé connaître et expérimenter ce que je pensais pouvoir m'aider, et mon expérience a été positive, comme celle de millions de personnes dans le monde.

Ce que je trouve le plus « effrayant », ce sont ceux qui ne font que critiquer, sans écouter, sans se mettre à la place de l'autre, et bien sûr en croyant qu'ils peuvent dénigrer les autres parce qu'ils ont telles ou telles croyances. Et c'est effrayant parce que cette attitude se propage facilement, mais, l'effort, le désir de faire tout son possible pour comprendre, reste rare c'est donc un terrain fertile quand le sport national est d'inciter à la haine sans mesure des conséquences.

—◈—

05
Les mouvements opposés

Pourquoi y a-t-il tant de mouvements religieux ou philosophiques opposés à la Scientology ?

Honnêtement, je pense qu'ils ne sont pas si nombreux, mais ils ont un certain pouvoir médiatique. Je dirais qu'ils sont comme un gentil petit chaton, mais furieux, qui rase les murs d'une rue tranquille à trois heures du matin. La Scientology offre quelque chose dont beaucoup ont peur, quelque chose que tout le monde veut et qu'on ne sait pas toujours contrôler, la Scientology offre la LIBERTÉ avec la connaissance, avec la responsabilité, et cela, de l'avis de quelques-uns qui veulent tenir l'être humain sous un joug invisible, est dangereux, très dangereux.

A côté de cela, il y a des gens qui ne disposent pas de toutes les informations, et donc agissent en fonction de ce qu'ils connaissent. Une fois qu'ils en savent plus, même s'il y a des choses qu'ils n'aiment pas ou qui ne leur conviennent pas, ou qu'ils comprennent simplement différemment, ils sont capables de voir par eux-mêmes que d'autres personnes ont été aidées. Donc en fin de compte c'est une question de temps et d'intégrité pour chaque observateur.

Alors pourquoi l'Église a-t-elle été si dénigrée depuis 1980 jusqu'à pratiquement aujourd'hui ?

Peut-être parce qu'elle offre aux gens la possibilité d'être maîtres de leur propre vie. Le pouvoir a toujours peur, même si cela ne semble pas être le cas. Les Romains avaient peur des premiers chrétiens parce qu'ils avaient foi en un être supérieur. Si quelqu'un ne respecte pas l'autorité du puissant, de l'homme politique, ou s'il remet simplement en question leurs messages, ces derniers peuvent se sentir en danger.

Il y a aussi la machine médiatique, très bien réglée, qui nous a permis d'accéder à de plus en plus d'informations avec lesquelles prendre des décisions, mais d'autre part, nous avons aussi certains groupes de pression dans le monde (possédant la plupart des médias) qui se vendent au plus offrant pour infecter la société avec des mensonges répétés à satiété, de sorte que le citoyen ordinaire, qui n'a pas beaucoup de temps ou de désir d'approfondir, agit sous influence et maintient son obéissance inconsciente à ceux qui veulent le soumettre.

◆

06
L'image des célébrités

Beaucoup de ces mouvements prétendent que vous vous intéressez principalement aux célébrités pour exploiter leur image. Quel est votre opinion ?

Il y a aussi eu des gens dans l'histoire qui ont prétendu que la Terre était plate, et aujourd'hui je pense que la grande majorité d'entre nous savons que ce n'est pas le cas. Nous, en Scientology, sommes intéressés par l'amélioration des conditions de vie, par l'amélioration du bien-être des gens et par l'avènement d'un monde au moins un peu plus sain où les personnes honnêtes et bien intentionnées peuvent poursuivre et atteindre leurs objectifs.

Ceux qui veulent nous critiquer peuvent utiliser le sujet des célébrités s'ils le souhaitent, mais s'il n'y avait pas de célébrités, ils diraient qu'aucune célébrité n'est membre de l'Église et que cette dernière ne peut donc être quelque chose de bien. En fait, ce sont plutôt ces mouvements ou des personnes spécifiques qui les utilisent en les critiquant pour gagner en notoriété.

Que leur dirais-je ? Eh bien, qu'ils s'occupent des vrais problèmes de ce monde, qui en a un grand besoin, qu'ils contribuent soit à réduire la faim, soit à en finir avec les drogues, les inégalités, l'analphabétisme, qu'ils travaillent à promouvoir une meilleure économie, et s'ils ne veulent pas y contribuer, au moins qu'ils restent chez eux tranquillement sans toucher au moral de ceux qui essaient (avec moins ou plus de succès) de résoudre ces fléaux.

07
Anonymous

Le groupe Anonymous semble être un de vos ennemis jurés, pourquoi ?

Le sujet Anonymous est délicat, car s'il y a en son sein beaucoup de cyber-terroristes, sûrement que d'autres parmi eux pensent faire la chose correcte (même s'ils sont là par erreur). De plus, les agences de renseignement de nombreux pays ont démontré que l'idée qu'ils ne seraient pas « organisés », qu'il « n'y aurait pas de hiérarchie » et que ce seraient des militants spontanés est une grande erreur. Il est très facile de mettre un masque pour justifier ses actes illégaux d'intolérance.

Il y a des gens, même au sein de certains gouvernements comme en Allemagne, qui paient des jeunes désœuvrés pour qu'ils aillent importuner les églises, et cela a été prouvé. Il est vraiment méprisable de voir comment ils prétendent défendre la morale et l'éthique, alors que les méthodes qu'ils utilisent sont illégales. Ils piratent des comptes de messagerie, violent la vie privée des gens, violent les droits d'auteur, et tout cela sous le lâche couvert d'un masque ou de l'anonymat sur Internet. L'anonymat n'est mauvais que lorsqu'il est utilisé pour enfreindre la loi et que l'on recherche l'impunité.

Par exemple, le 24 mai 2010, le juge du district fédéral de Los Angeles a condamné Brian Thomas Mettenbrink de Grand Island, Nebraska, à 12 mois de prison fédérale et à 20 000 dollars de dommages et intérêts pour avoir participé à une cyber-attaque de 2008 sur des sites web de Scientology (CR n° 09-1149-GAF)[2]. Mettenbrink appartient au groupe haineux « Anonymous », dont beaucoup de membres ont fait l'objet d'enquêtes ou ont été condamnés pour des crimes fédéraux et d'États ces dernières années.

Selon le mémorandum de condamnation du procureur fédéral, Mettenbrink « *a participé à un plan malveillant visant à endommager un ordinateur appartenant à l'Église de Scientology* ». Le procureur du Ministère de la justice a déclaré : « *Notre société libre cessera de fonctionner si quelques personnes malveillantes sont libres d'attaquer des individus en raison de leurs croyances religieuses* ».

Constatant que les actes étaient « *de la nature d'un crime de haine* » puisque que la cible était une organisation religieuse, le juge Feess a en outre ordonné que, pendant la période de probation suivant sa peine de prison, Mettenbrink devra rester à 100 mètres de toute Église de Scientology.

En novembre 2009, Dmitriy Guzner de Vérone, dans le New Jersey, a été condamné par le juge Joseph Greenaway du tribunal de district de Newark à 366 jours de prison plus deux ans de mise à l'épreuve[3]. Guzner a également été condamné à payer 37 500 dollars de dommages et intérêts à l'Église. Un communiqué de presse du Ministère de la justice publié au moment de l'inculpation de Guzner disait : *« Selon les informations criminelles déposées auprès de la Cour de district de Los Angeles, Guzner a participé à l'attaque parce qu'il se considérait comme un membre d'un groupe clandestin appelé Anonymous »*.

❖

08
L'Église évangélique

L'Église évangélique semble être aussi contre vos pratiques, pourquoi ?

Je dirais qu'il y a des personnes spécifiques au sein de l'Église évangélique qui ressentent cela. Il existe, au sein de chaque église, des personnes intolérantes comme dans tout groupe et le problème advient quand elles parviennent à une position de pouvoir. Si, par le passé, certains personnages au sein de différentes églises évangéliques et luthériennes se sont fortement opposés à nous, il est également vrai qu'au XXIe siècle, il y a par exemple des archevêques en Allemagne qui soutiennent l'Église de Scientology et son droit à la liberté religieuse.

Comme je l'ai mentionné dans une autre question, ma famille comprend des gens de différentes confessions, incluant des évangéliques, avec qui je m'entends à merveille et nous nous aimons beaucoup et à aucun moment le sujet de la religion n'a été une pomme de discorde mais plutôt un enrichissement de connaissance. Mais je serais bien naïf de croire qu'il n'y a pas des gens très bien placés dans certaines églises, qui utilisent leurs positions et même leur « titulite aiguë » pour essayer de dénigrer les croyances des autres dont celles de la Scientology.

Peut-être considèrent-ils notre ouverture d'esprit et notre expansion comme dangereuse face à leurs propres craintes, face à la modernisation et face à l'humilité qui découle du fait de pouvoir apprendre des autres, quand bien même on croit en des choses différentes. Mais la vérité est que nous ne prétendons changer la religion de personne, il s'agit juste de faire notre part pour réaliser ces rêves que les religions cherchent à atteindre depuis leur création, et je crois sincèrement que nous pouvons aider chaque religion à atteindre ses objectifs spirituels sans qu'elle ait à renier ses propres croyances. C'est ce que nous faisons déjà pour des prêtres catholiques, anglicans, bouddhistes et hindous, entre autres.

De toute façon, comme je le disais tout à l'heure, il y a maintenant des porte-paroles et des archevêques protestants qui se rapprochent de nous. Une « commissaire des sectes » de Stuttgart a pris plusieurs membres de son église et leur a montré un reportage sur la Scientology, puis les a amenés dans notre église pour qu'ils découvrent ce que nous croyons et pratiquons, et ils ont été ravis. C'est un processus lent, mais nous progressons.

D'autre part, le Cardinal de Belgique a fait une visite de notre église à Bruxelles. Le Président de la Conférence épiscopale belge nous a déjà cités dans ses conférences et ses discours : « il y a d'autres religions, l'Islam, la Scientology, ... ».

Cela peut sembler un petit progrès, mais il y a quelques années, cela aurait été impensable et d'après ce que je peux voir, ce n'est que le début.

09
Auteur de science-fiction et... ?

Une des critiques est que votre fondateur est un auteur de science-fiction. Qui était L. Ron Hubbard ? Que diriez-vous de cette critique ?

Le philanthrope et auteur américain Lafayette Ron Hubbard, ou LRH comme nous l'abrégeons, était un écrivain très prolifique, et détient en fait le Guinness Record en tant qu'écrivain le plus publié et le plus traduit dans le monde. En tant qu'écrivain à succès, il a écrit de tout, y compris de la science-fiction

Parfois, la science-fiction est une critique de la réalité, racontée « de loin ». Mais bien que ce soit un genre dans lequel il s'est démarqué et continue de se démarquer avec des titres tels que *Mission Terre* [dix volumes] ou *Terre, champs de bataille,* la réalité que certains tentent de cacher est que plus de 90% de ce que Ron Hubbard a publié a trait à la vie, la spiritualité, la religion et la philosophie, sans omettre des points de vue et des outils pragmatiques pour les problèmes quotidiens.

Mais depuis quand le fait d'écrire de la science-fiction invalide-t-il une personne en tant que telle ? Le fait d'écrire de la science-fiction vous rend-il moins humain, moins capable de voir la réalité ou de reconnaître des vérités universelles ? Asimov était-il moins humain parce qu'il écrivait de la science-fiction ?

Je pense que quiconque critique Ron Hubbard ou la Scientology pour cette facette, se discrédite en tant que critique. Il n'a tout simplement pas d'arguments (ou d'informations) et se contente de répéter et de répéter des mensonges déguisés en vérité.

10
Moquerie dans une série de dessins...

Pourquoi pensez-vous que la Scientology a été tournée en dérision par diverses séries de dessins animés ou émissions de télévision ?

Il est curieux que quelque chose que je considère comme négatif comme ces faits, démontre en fait que la Scientology est en train de pénétrer la société, qu'elle commence à faire partie de son imaginaire et que les gens comprennent qu'elle est ancrée dans notre société, que cela leur plaise ou non.

Apparemment, parler de la Scientology fait vendre, fait les gros titres, suscite l'intérêt. Qu'ils le reconnaissent ou non, la Scientology suscite un immense intérêt.

Au fond, je pense que c'est une bonne chose. Peut-être qu'ils pourraient la peindre dans d'autres couleurs, mais ils le font comme ils le font et on ne peut occulter l'importance et le sens que cela a, surtout pour un mouvement religieux aussi jeune que stable, et plus encore dans une société où beaucoup des mouvements qui émergent disparaissent après quelques années comme s'ils n'avaient jamais existé.

Ron a écrit un article que je voudrais reproduire ici, intitulé « La véritable histoire de la Scientology »[4]:

La véritable histoire de la Scientology est simple, concise et directe. Elle est vite racontée : 1. Un philosophe développe une philosophie sur la vie et la mort. 2. Des gens la trouvent intéressante. 3. Des gens constatent qu'elle marche. 4. Des gens la transmettent à d'autres. 5. Elle croît.

Lorsque nous examinons ce très bref et très juste récit, nous voyons qu'il doit y avoir dans notre civilisation quelques éléments extrêmement perturbateurs pour que l'on puisse croire autre chose à propos de la Scientology.

Ces éléments perturbateurs sont les marchands de chaos. Ils font commerce de confusion et de bouleversement. Ils gagnent leur pain quotidien en créant le chaos. Si le chaos venait à diminuer, leurs revenus en feraient autant.

❖

11
Qu'est-ce que la Scientology ?

La Scientology est un outil, un ensemble de méthodologies, une religion qui vous amène à vous retrouver avec vous-même, avec votre véritable moi, celui qui est pur, joyeux, honnête, ludique, aventureux, mais avec connaissance et responsabilité. La définition la plus courte est celle de « philosophie religieuse appliquée ». Philosophie parce que c'est un mode de vie, religieuse parce qu'elle est fondée et centrée sur l'être en tant qu'esprit et appliquée parce que c'est une religion fonctionnelle, de « faire » et non de « croire », c'est une religion applicable au jour le jour.

C'est une religion dans laquelle le salut est recherché, mais qui passe par la connaissance et son application. Lorsque l'on acquiert un niveau de conscience plus élevé, on est plus proche d'atteindre cette liberté ; se libérer de la douleur, de l'oppression, s'épanouir, etc.

La Scientology est l'étude de la connaissance, mais la meilleure façon de la découvrir est d'en faire soi-même l'expérience. Mon livre préféré pour expliquer ce qu'est la Scientology est *Les Fondements de la Pensée*.[5] Le livre est simple, clair, concis et profond. Plus vous le lisez, plus vous pouvez en extraire de niveaux de connaissance, c'est une mine inépuisable de connaissance intérieure et spirituelle.

Je conseille également de visiter notre chaîne de télévision, où l'on peut trouver la vérité non altérée, dans un format audiovisuel, que vous trouverez sur SCIENTOLOGY.TV en 17 langues, avec des programmes documentaires, expliquant ce que nous croyons, les réalisations de certains scientologues du monde entier, des documentaires positifs sur la vie, etc.

12
Vos croyances fondamentales sont...

Les croyances fondamentales de la Scientology sont les suivantes : 1) l'homme est un être spirituel et immortel, et son expérience englobe bien plus qu'une seule vie, 2) ses capacités sont infinies même si elles sont sous-développées dans le présent, et 3) l'homme est intrinsèquement bon, malgré les erreurs qu'il commet et les confusions qu'il peut avoir. Avec la Scientology et l'audition, ce que nous recherchons ce sont ces « noyaux » de bonté, afin de les déterrer et de les ramener à leur taille d'origine de manière concrète et autodéterminée. Le Credo de l'Église de Scientology[6] a été écrit par L. Ron Hubbard peu après la fondation de l'Église à Los Angeles le 18 février 1954.

Après que M. Hubbard ait publié ce credo depuis son bureau de Phoenix, en Arizona, l'Église de Scientology l'a officiellement adopté parce qu'il exprime, sous une forme concise, ce que les scientologues croient.

Alors vous avez le concept de réincarnation très présent...

Oui, pour nous c'est un fait. Même si nous le décrivons comme une croyance, la plupart des scientologues le vivent comme une réalité. Par conséquent, ils ont la certitude qu'ils continueront à vivre après le cycle connu sous le nom de mort, quoi qu'il arrive. Il est donc normal que nous voulions laisser le monde un peu mieux qu'il ne l'est puisque du moins en théorie nous y reviendrons. Et si on ne le fait pas pour soi, on devrait au moins le faire pour les générations futures.

13
Qu'est-ce que la Dianetics[7]?

Dianetics est le nom d'une méthodologie spirituelle élaborée par M. Hubbard. Il vient du grec « Dia » et « Nous », qui signifie « à travers l'âme », c'est-à-dire « ce que l'âme fait au corps à travers le mental ».

Le nom complet du livre dans lequel cette méthodologie est développé s'appelle *La Dianétique : la puissance de la pensée sur le corps*[8], qui aujourd'hui non seulement s'est vendu à plus de 20 millions d'exemplaires dans le monde, mais est devenu le livre de développement personnel le plus vendu de tous les temps, contenant à la fois la théorie et la pratique.

La Dianetics est la pierre angulaire sur laquelle Hubbard a construit la Scientology. La raison pour laquelle elle est si importante est qu'elle constitue le fondement à partir duquel tout ce qui vient après a été développé.

C'est, en somme, l'origine de la lumière qui éclaire ou clarifie le chemin à suivre.

Beaucoup de gens pensent que la Dianetics n'est qu'une autre forme de thérapie.

La Dianetics est née et a été présentée au départ comme telle et peut en fait être utilisée de cette manière, que les personnes soient liées ou non à la Scientology ; mais Hubbard a fini par développer une méthode infiniment plus vaste, avec laquelle il complète et réalise ce qu'il avait prévu à l'origine, à savoir fournir à l'être humain un chemin, un outil pour qu'il redécouvre sa capacité à être libre, pour qu'il redécouvre l'âme humaine.

14
À quoi sert exactement la méthode de developpement personnel ?

Cela permet à l'être humain de se libérer des ombres d'hier qui assombrissent son présent et son avenir. Le « mental » de l'être humain est plein de recoins sombres pour lui-même, qui nous entravent dans notre quotidien et qui de plus arrivent à nous mettre dans des conditions si basses que nous sommes très susceptibles de contracter des maladies quand nous sommes sous son influence.

Avec la Dianetics, on apporte de la lumière à ces « innocents » recoins sombres du mental et on supprime tout effet négatif qu'ils peuvent avoir sur soi-même. J'ai commencé à relire le livre récemment, et il est fascinant de voir chaque lecture faire ressortir de nouvelles choses. Je ne dis pas qu'il a été écrit ainsi délibérément, mais j'ai parfois l'impression qu'il comporte deux niveaux de lecture, comme si le livre était capable de détecter si l'on ne pense qu'au monde fini, avec le typique « on ne vit qu'une fois, mais vivons bien », ou si, au contraire, on croit ou on est conscient que l'existence va au-delà du matériel. Et en ce sens, le livre est capable d'atteindre les deux modes de pensée, en donnant au lecteur exactement ce qu'il cherche pour l'aider à comprendre la société et lui apprendre comment contribuer positivement à sa survie.

Après tout, quoi que vous croyiez, c'est comme avoir un disque dur, avec beaucoup de fichiers fragmentés[9], éparpillés, désordonnés, certains infectés, d'autres déformés, et qu'on vous donne un logiciel de défragmentation puis un antivirus, et, cerise sur le gâteau : vous en êtes aux commandes. Vous ne supprimez rien, vous le recomposez, le désinfectez, le rangez, et il est prêt pour un travail optimal avec les informations dont vous disposez.

❖

15
Structure organisationnelle

En peu de mots, quelle serait la structure organisationnelle de l'Église de Scientology ?

La réponse est simple, mais étendue. Il existe au moins 11 volumes encyclopédiques et toute une série de conférences qui la décomposent à travers un travail thématique et chronologique.

Oui, je sais, mais il est également vrai que dans de nombreux forums internationaux, la Scientology est accusée d'être mystérieuse, en somme on dit qu'elle cache tout ce qui s'y rapporte.

Rien n'est plus éloigné de la vérité. Mais les gens ne peuvent pas prétendre vouloir savoir et avoir une opinion sur la structure d'une entité de telle envergure avec une explication de deux minutes. On peut bien sûr répondre en se contentant seulement de satisfaire une curiosité superficielle. Si vous le souhaitez, je ferai une présentation pour que tout le monde sache qui nous sommes.

L'Église de Scientology est constituée par une structure ecclésiastique qui unifie et aligne de nombreuses activités religieuses, y compris, outre l'audition et la formation, le prosélytisme, la direction de l'Église, la transmission de la communication, la production et la diffusion de documents et bien d'autres fonctions. Ce qui lie la communauté religieuse de Scientology, ce ne sont pas seulement les croyances et les pratiques auxquelles elle participe, mais aussi une forme d'organisation administrative spécialement conçue pour mener à bien sa mission religieuse. À noter que cette structure administrative est maintenant utilisée par de nombreuses sociétés dans le monde entier en raison de son succès avéré et est connue sous le nom de Technologie administrative Hubbard.

Les missions et les églises sont associées par le biais d'une communauté religieuse internationale hiérarchisée. Je dois préciser que le mot « hiérarchique » est très mal compris, et que beaucoup de gens le prennent comme quelque chose de négatif, mais il implique simplement qu'il existe une structure avec différents niveaux de responsabilité, de stratégie, de planification et de production, comme tout mouvement organisé qui veut non seulement perdurer, mais aussi se développer et atteindre ses objectifs.

La structure de cette communauté est une partie importante et fonctionnelle de la religion. Les écritures de Scientology exigent que ses pratiques religieuses soient exercées de manière orthodoxe et sa structure hiérarchique contribue à garantir que toutes les églises reçoivent le soutien et la direction nécessaires pour les diriger de manière standardisée. De cette façon, tous les scientologues sont assurés de l'observance orthodoxe de la religion dans toutes les églises du monde.

Cette structure aide les paroissiens à établir des relations entre eux et avec l'Église elle-même lors des célébrations annuelles des fêtes de la Scientology (dont certaines sont déjà reconnues dans les calendriers officiels de certains pays), comme la célébration de l'anniversaire du fondateur et d'autres événements reconnaissant les activités sociales accomplies. Des dizaines de milliers de paroissiens assistent aux célébrations organisées par les églises à tous les niveaux de la hiérarchie et dans différentes parties du monde.

La hiérarchie ecclésiastique se compose de centaines d'églises et de missions (les églises mineures), qui dispensent les services religieux de la Scientology à leurs paroissiens. Il y a aussi des églises de par le monde qui fournissent des services de direction et de soutien à d'autres églises. Les églises individuelles sont établies en tant qu'entités religieuses ou associations à but non lucratif, ce qui leur confère la personnalité juridique à partir de laquelle elles peuvent mener leurs affaires courantes en relation avec la société laïque et les administrations publiques nationales, régionales et locales.

L'Église de Scientology Internationale est l'église-mère de l'Organisation. En tant que tel, c'est le plus haut organe de direction ecclésiastique pour la religion dans le monde. Son rôle est également de coordonner les activités des églises, des missions et des ministres pour s'assurer qu'ils travaillent en harmonie vers le but ultime de la Scientology, à savoir la création d'une meilleure civilisation.

L'Église de Scientology Internationale s'occupe également de la publication et de la distribution des écritures de Scientology dans le monde entier par le biais de deux maisons d'édition, l'une située aux États-Unis et l'autre au Danemark, et d'une division interne, Golden Era Productions, qui produit des films religieux, des bandes vidéo, des bandes audio et des disques compacts dans ses propres studios d'enregistrement, et qui gère actuellement sa propre chaîne de télévision internationale sous le nom de Scientology Media Productions.

Les églises qui offrent des services religieux aux paroissiens sont organisées selon une hiérarchie qui reflète la nature progressive des niveaux spirituels de la Scientology.

Cette hiérarchie ecclésiastique s'accompagne d'une structure organisationnelle ou juridique, comme c'est le cas dans de nombreuses religions. Chaque entité ecclésiale est établie en tant qu'entité religieuse à but non lucratif, avec son propre conseil d'administration et un ensemble de cadres responsables de ses activités. Ces églises constituent l'élément stable d'un réseau international couvrant le monde entier.

Les entités qui contiennent le personnel de la direction internationale font partie intégrante de cette structure mondiale. Ces entités sont : la Ligue ecclésiastique Hubbard des pasteurs internationaux (I.H.E.L.P.), qui est l'église-mère de tous les ministres volontaires de Scientology et des ministres du culte à l'extérieur ou « auditeurs à l'extérieur » ; Scientology Missions International, l'église-mère de toutes les missions de Scientology, et surtout, comme je l'ai déjà mentionnée, l'Église de Scientology Internationale, qui est l'église-mère pour notre religion.

En fait, ce sont ces trois églises qui unissent le reste des églises dans le cadre de la hiérarchie scientologue ou de la structure ecclésiastique pour atteindre leur objectif commun.

Un autre élément très important est le Centre de Technologie Religieuse ou Religious Technology Center (RTC[10]), qui veille à ce que les écritures et leur application restent pures, sans fausse représentation ou interprétation erronée, ce qui en fait le groupement le plus important de toute la structure, car il assure la bonne et correcte utilisation des écritures.

Bien que cela puisse sembler quelque peu complexe et bureaucratique, la réalité actuelle est que, sur la base de l'expérience de ma fonction auprès des instances européennes à Bruxelles, je peux dire que nous sommes probablement la structure religieuse qui dispose de la plus grande liberté de mouvement et de décision à tous les niveaux, en comparaisons des autres.

16
Les types d'églises et leur mode de fonctionnement

Pourrions-nous développer un peu plus concrètement le fonctionnement ou le rôle de ces trois églises ? L'objectif est qu'ainsi il n'y ait aucun doute sur la clarté de vos actions à tout moment. Par exemple, commençons par la Ligue ecclésiastique Hubbard des pasteurs internationaux (I.H.E.L.P.).

L'entité I.H.E.L.P. a été créée pour fournir des conseils aux auditeurs qui administrent des services religieux en dehors des églises, afin qu'ils puissent fonctionner avec succès.

Grâce à I.H.E.L.P., les auditeurs à l'extérieur et les ministres volontaires reçoivent un soutien et des conseils fort nécessaires.

Le siège de I.H.E.L.P., situé à Los Angeles, en Californie, fournit des services de planification, de conseil et d'orientation, en créant et en exécutant des campagnes de grande envergure destinées à accroître la popularité de l'audition à l'extérieur et à encourager l'adhésion à I.H.E.L.P. Il tient ses membres informés en distribuant des fiches d'information et du matériel promotionnel aux organisations continentales de I.H.E.L.P. pour leur usage.

Les bureaux continentaux organisent des événements locaux, des conventions et des séminaires dans lesquels les ministres de I.H.E.L.P. participent à des ateliers spéciaux pour les aider à améliorer leurs compétences. Ces bureaux offrent également une aide pour toute difficulté administrative ou technique que les membres pourraient rencontrer, en fournissant notamment du matériel de formation, des publications et des services de conseil.

En Espagne, la Scientology compte de nombreux membres de I.H.E.L.P., hommes et femmes, qui, en plus de leurs professions, se consacrent à aider les autres. Bien qu'ils exercent principalement à Madrid, Barcelone, Valence, Alicante et Vitoria, ils parcourent le territoire espagnol en exerçant leur ministère partout où les paroissiens les appellent.

17

Qu'est-ce que Scientology Missions International ?

Je vais abréger car c'est comme si on voulait expliquer ce qu'est l'église catholique ou les différentes branches de l'Islam, du judaïsme, etc. Ce serait très complexe et, de plus, nous publions toujours sur Internet ce que nous sommes ou ce que nous faisons, sans compter les centaines de publications qui sont à la disposition de tous dans les vastes librairies dans la plupart de nos sites à travers le monde. Donc, si vous êtes d'accord je vais aller plus vite sur ce genre de questions.

Comme dans le cas des auditeurs à l'extérieur, ceux qui dirigent les églises de Scientology appelées missions sont également soutenus par une structure ecclésiastique qui leur apporte à la fois soutien et assistance. Scientology Missions International (SMI) est l'église qui coordonne l'ensemble et occupe le niveau supérieur au-dessus de celui des auditeurs à l'extérieur. Les bureaux internationaux du SMI fournissent des conseils, un soutien et une orientation aux missions existantes grâce à un réseau mondial de bureaux continentaux.

En Espagne, nous avons des missions à Madrid, Valence, Séville, Vitoria et Bilbao qui non seulement desservent des communautés de paroissiens de plus en plus nombreuses, mais qui participent à la gestion quotidienne de leur région en menant des campagnes sur la prévention de la toxicomanie, l'éducation aux droits de l'homme, la promotion des valeurs morales et la promotion du volontariat.

18
Église de Scientology Internationale

Et enfin l'Église de Scientology Internationale, c'est un peu comme le Vatican, ceux qui commandent ?

Pas exactement. Peut-être ceux qui coordonnent, supervisent, structurent, mais en Scientology les contraintes dogmatiques ne sont pas bien vues. Mais je vous explique : L'Église de Scientology Internationale –CSI – est le corps principal de l'Église. Basée à Los Angeles, CSI assure la direction, la planification et l'orientation générale du réseau d'églises, de missions, d'auditeurs à l'extérieur et de ministres volontaires qui composent la hiérarchie de la Scientology, et veille à ce que ces diverses organisations travaillent toutes ensemble de manière efficace.

Chaque église a un objectif commun principal : aider ses paroissiens à atteindre la liberté spirituelle. Un tel objectif est cependant atteint par pallier, une étape à la fois, et cela se reflète dans la hiérarchie de l'église.

CSI planifie et coordonne l'expansion de la Scientology à grande échelle. Cette planification est effectuée par des réseaux d'organisations qui forment l'administration ecclésiastique au niveau continental.

En plus de guider la croissance de la hiérarchie de Scientology, CSI est responsable de la publication des textes de Scientology, tant sous forme écrite qu'audiovisuelle, dont quelque trois mille conférences enregistrées de M. Hubbard. Une division de CSI, Golden Era Productions ...

Est-ce la société de production qui possède quelques studios à Los Angeles et qui, aujourd'hui, diffuse déjà à l'échelle internationale et par satellite ?

En effet, à l'ère de la communication la Scientology, avec ses propres moyens, et ceux de ses membres du monde entier, ne peut rester à la traîne. Eh bien, comme je le disais, Golden Era Productions (GOLD) est responsable de la production de ces enregistrements, des conférences Hubbard, ainsi que des E-meters[11], des films de formation religieuse, etc. GOLD fait la promotion de la religion dans le monde entier en publiant des brochures, des affiches, des magazines pour les paroissiens dans de nombreuses langues. Il compile, conçoit et traduit également de nouveaux livres et autres matériels religieux basés sur les recherches et les écrits de M. Hubbard dans plus d'une douzaine de langues.

Deux maisons d'édition affiliées, l'une à Los Angeles, Bridge Publications, et l'autre à Copenhague, au Danemark, fournissent à chacun le matériel éditorial nécessaire au développement des activités de l'Église.

Par ses actions, CSI veille à ce que les scientologues puissent progresser au niveau mondial vers les plus hauts niveaux de liberté spirituelle dans les milliers d'églises, de missions et de groupes qui font partie de la religion de la Scientology.

19
Les églises de "Classe V"

Outre ces trois organisations internationales, vous en avez d'autres qui sont curieuses, du moins de par leur nom. Qu'est-ce qu'une église de Scientology de « classe V » ?

Dans certaines religions, les structures sont appelées temples, basiliques, cathédrales, etc., et chacune d'elles occupe un maillon de la hiérarchie. En ce qui nous concerne, nous avons des sièges où se trouvent différentes structures religieuses selon notre spécificité. Les églises de classe V, ce n'est pas un « v », c'est un cinq, offrent des services religieux d'initiation et de niveau intermédiaire et ont pour fonction de former et d'ordonner des ministres. Ces églises sont ainsi nommées parce que le plus haut niveau de formation qu'elles dispensent est désigné comme « Classe V » dans la progression des services religieux de

Scientology. Les églises de classe V sont généralement plus grandes que les groupes ou les missions et agissent donc comme élément central au sein de leur communauté de Scientology. Ce sont des lieux où les paroissiens de tout horizon peuvent se réunir et partager leurs expériences communes.

Les scientologues se rendent dans leurs églises pour participer à des séances d'audition ou de conseil spirituel et à la formation, ainsi qu'aux services du dimanche, aux mariages, aux funérailles et aux cérémonies de baptême, aux réunions régulières du vendredi soir et à la célébration des fêtes de Scientology. Je pense qu'il faut cependant préciser que les principaux rites sacrés de Scientology sont l'audition et la formation. Certaines congrégations religieuses, appelées Celebrity Centres, sont composées principalement d'artistes, de businessmen ou de leaders dans leurs communautés, bien que, comme toutes les autres églises de classe V, leurs portes soient ouvertes au public. Une des raisons de l'existence de ce type particulier d'église est que les artistes ont souvent besoin d'un plus grand degré de confidentialité.

20
Comment est-ce financé ?

Tout ce que vous me dites est très intéressant, mais cela a aussi un coût, comment financez-vous tout cela ?

C'est sans doute la réponse la plus simple : les églises de Scientology dans le monde entier sont soutenues par les contributions de leurs paroissiens. Les paroissiens contribuent à des services religieux spécifiques. Dans certains pays, fiscalement cela est considéré comme des donations, tandis que dans d'autres, il s'agit d'allocations pour services religieux (comme en Espagne), mais le point commun, c'est que cela est exclusivement utilisé pour promouvoir les activités religieuses, caritatives et d'intérêt public menées par les églises de Scientology, et bien sûr pour assurer le fonctionnement de l'église qui reçoit les contributions, payer l'électricité, les assurances, l'eau, la promotion, la formation des bénévoles et quelques indemnités.

Bien sûr, il existe d'autres actions permettant de collecter des fonds, et notamment la vente de matériaux tel que des livres, etc. Nous pourrons certainement revenir sur cette question plus tard, mais ne doutez pas que tous les revenus sont canalisés légalement, c'est précisément l'une des grandes préoccupations de l'Église. Les aspects juridiques et comptables de nos actions doivent toujours être et rester légaux et leurs comptes accessibles aux autorités étatiques qui le demandent dans chaque pays, car la transparence avec l'administration publique est fondamentale pour nous.

La liberté de religion dont on peut jouir aujourd'hui aux États-Unis, en Suède, au Portugal, au Royaume-Uni ou même en Espagne n'existe pas partout dans le monde, de sorte que ces contributions peuvent avoir un traitement fiscal différent selon les pays, mais elles servent toujours le même objectif.

Je dois avouer que je suis particulièrement fier de notre système de financement, puisque nous ne demandons de l'argent à aucun État pour financer notre activité religieuse.

✧

21
L'organisation Maritime

Ivan, vous êtes membre de l'Organisation Maritime. Qu'est-ce que c'est ?

Les membres les plus dévoués de l'Église sont les membres de l'Organisation Maritime, la Sea Org, une fraternité religieuse qui compte plus de sept mille membres dans le monde entier. La Sea Org est une association sans aucune structure juridique ; c'est une association religieuse avec une tradition unique. Elle est née en 1967 lorsque, après avoir démissionné de tous ses postes de direction et d'administration, L. Ron Hubbard est parti en mer avec une poignée de scientologues expérimentés pour poursuivre ses recherches sur les niveaux avancés de l'audition.

Les membres de la Sea Org vivaient et travaillaient à l'origine à bord d'une flotte de navires, dirigée par leur navire amiral, l'Apollo.

Au fur et à mesure de sa croissance, l'organisation s'est répandue en ouvrant des bases terrestres telles que les organisations avancées à Los Angeles, au Danemark, et à Clearwater, en Floride. Aujourd'hui, les membres de l'organisation continuent de s'occuper des niveaux supérieurs de la Scientology, de sorte que toutes les organisations de l'Église au-dessus du niveau de Classe V sont dotées exclusivement de personnel appartenant à l'Organisation maritime.

Iván, comme indiqué dans mes notes, vous avez un engagement envers cette organisation pour un grand nombre d'années, des centaines ou des milliers.

Oui, la première qualité qui distingue les membres de l'Organisation maritime des autres membres de la Scientology est leur engagement éternel envers la religion.

Nous, les membres de la Sea Org, avons signé un accord nous engageant pour un milliard d'années, un engagement qui a une signification religieuse intense et profonde pour un scientologue. Pour que tout le monde comprenne, ce serait comme le concept d'éternité ou de « pour toujours » des autres religions.

Avoir un contrat et s'y tenir…

Il est clair que c'est l'engagement qui compte. Les membres de l'Organisation Maritime participent également à une tradition et à un mode de vie qui leur sont propres. Nous vivons en communauté dans des logements fournis par l'Église et nous mangeons dans des salles à manger communes. Nous recevons également une modeste contribution pour nos dépenses personnelles. Mais la rémunération matérielle n'a que peu d'importance pour les membres de l'Organisation Maritime.

Nous avons le privilège de servir la religion au niveau le plus élevé et le plus dévoué possible, ce que nous considérons comme la plus grande récompense que nous puissions jamais recevoir. Les scientologues en général tiennent les membres de cette organisation en haute estime, reconnaissant le travail qu'ils font. Nous sommes finalement des missionnaires religieux avec différentes fonctions.

❖

22

Quels seraient les buts ultimes de la Scientology ?

Le fondateur de la religion que je professe et pratique, M. Hubbard, les a très bien définis et nous essayons de ne pas interpréter ses paroles, mais de les suivre :

> Une civilisation sans folie, sans criminels et sans guerre, dans laquelle les gens capables puissent prospérer et les gens honnêtes puissent avoir des droits, et dans laquelle l'Homme soit libre d'atteindre des sommets plus élevés.

Et comme vous pouvez le voir, 97,5% des gens dans le monde ne les désapprouveraient pas. Il est possible que chacun puisse y apporter ses propres nuances, mais ce qui est clair pour moi, c'est que si nous nous en tenons à ces objectifs, il y a beaucoup de gens qui sont scientologues, et qui ne le savent pas encore.

23
Indépendance hiérarchique

Un collectif national peut-il prendre ses propres décisions au sein de la Scientology ou tout est-il mesuré et le respect des éventuelles règles est-il très strict ?

Chaque entité de l'Église (groupes, missions, églises de Classe V, organisations avancées, etc.) est une entité juridiquement et financièrement autonome. Chacun d'entre elles a son propre conseil d'administration et ses propres cadres, et ceux-ci sont responsables de l'administration efficace de l'organisation, du personnel et des services religieux qu'ils sont en mesure de fournir.

La direction internationale, comme nous l'avons déjà commenté, établit les plans futurs, l'expansion et les lignes directrices des programmes et des projets qui ont donné des résultats positifs dans l'expansion de l'Église, grâce à l'application parfaite des technologies spirituelles et administratives développées par M. Hubbard, c'est pourquoi les auditeurs à l'extérieur, les missions et les églises tiennent grandement compte des instructions et des lignes directrices qui existent au niveau international. En fin de compte, il dépend de la préparation du personnel et de son nombre, que les différentes entités atteignent leurs objectifs avec plus ou moins de rapidité.

24
Décisions et conséquences...

D'après ce qui précède, une décision mal prise dans un pays peut-il nuire à l'ensemble de l'Église ?

Nous en avons parlé à quelques reprises, mais il est clair que sans cette indépendance, les enseignements de M. Hubbard n'auraient aucun sens. Nous devons toujours faire appel à la responsabilité et si une telle chose se produit, ce qui est déjà arrivé, nous devons tirer les leçons de cette erreur et aller de l'avant, même si la responsabilité ultime incombe au groupe qui commet cet acte déloyal. Avancer et apprendre en toute liberté.

M. Hubbard a déjà écrit dans d'innombrables circulaires, appelées « Lettres de politique administrative du HCO[12] », comment une église doit être gérée, quelles sont les fonctions et les objectifs de chaque personne ou poste et comment ces fonctions sont exercées, de sorte que des ordres ou des instructions ne sont nécessaires que lorsque la personne ne connaît pas pleinement sa position, sa fonction ou ses objectifs. Chaque personne qui occupe un poste a la responsabilité de connaître ses fonctions (puisqu'elles sont toutes écrites et accessibles), ses objectifs (en relation avec la position qu'elle occupe au sein de la structure organisationnelle) et la manière de les atteindre. C'est pourquoi Hubbard lui-même et les scientologues sont des « ennemis » des ordres, car ces derniers impliquent que quelqu'un n'a pas pris la responsabilité de connaître et d'exercer ses fonctions ou n'a tout simplement pas été capable de comprendre une situation.

Les permanents des églises de Scientology doivent connaître leur rôle et les dirigeants, plutôt que de donner des ordres, doivent s'assurer que chacun est pleinement conscient de ces rôles, des objectifs et des moyens exacts de les atteindre.

En tout état de cause, l'Église dispose d'un système de justice interne ou d'un système disciplinaire qui, en cas de détection d'actions déloyales, prend toujours les mesures nécessaires dans le cadre de la loi et de la morale pour protéger le corps général de l'Église et corriger autant que possible son fonctionnement.

—◆—

25

Qu'est-ce que Narconon ?

Au fil des ans, j'ai fait la connaissance d'organisations et d'associations apparentées à la Scientology, dont une qui a autant de détracteurs que de personnes qui en parlent avec émerveillement : Narconon. Qu'est-ce que c'est exactement ?

Narconon signifie « Non aux drogues » et son but est de libérer les êtres du fléau de la drogue et de permettre à chacun de mener une vie sans drogue et bénéfique pour la société. La conséquence de cet objectif est bien sûr clé pour l'objectif global de la Scientology, car dans un monde où la drogue est omniprésente comme le nôtre, il est difficile, voire impossible, de faire en sorte qu'il n'y ait pas de folie, de criminalité et de guerre.

Au cours de mes 23 années de Scientology, j'ai rencontré au moins des centaines de personnes en

Espagne dont la vie (et n'oublions pas leurs familles) a été littéralement sauvée grâce à la méthode de Narconon et au personnel dévoué qui les a aidés à terminer le programme.

Certains cas ont été trop atteints par d'autres méthodes qui ne font que remplacer les drogues illégales par des drogues légales et à cause de cela, il est beaucoup plus difficile de les aider, mais même eux, s'ils ont assez de persistance et que leur famille en a aussi, peuvent être aidés. Malheureusement, bien qu'en de nombreuses occasions on puisse définir comme magique le fait de voir quelqu'un se débarrasser des ombres qui ruinent sa vie et celle des siens, tous ne réussissent pas. Même ainsi, la dernière étude que j'ai vue sur l'efficacité du programme ne laisse aucun doute sur le fait qu'il est probablement l'un des plus efficaces au monde. Si davantage de gouvernements investissaient dans ce type de programmes, non seulement beaucoup plus de vies seraient sauvées, mais on économiserait également en services sociaux et santé, en permettant de créer des personnes capables de contribuer de nouveau à la vie de leur famille et à la société en général.

Certaines précisions nécessaires...

Parfois, dans un effort pour aider à sauver une vie, des personnes ont été admises au programme alors qu'elles avaient déjà passé (généralement en raison d'autres méthodes supposées les aider) le « point de non-retour », et d'autres fois à cause de médias mal intentionnés, certaines personnes ont décidé avec leur famille de quitter le programme à mi-parcours, et cela a ruiné leur moral et leur santé. Il me serait donc très difficile de pardonner à ces médias et aussi à quelques « professionnels » de la santé qui ont encouragé certains à ne pas faire le programme ou à ne pas le terminer.

Certains sont déterminés à ce que tout soit traité avec des produits psycho-pharmaceutiques, des électrochocs, des internements involontaires, mais ils sont pratiquement incapables de mettre fin à la condition de souffrance que la personne traverse, la rendant même encore plus dépendante.

Heureusement, de plus en plus de scientifiques démontrent son efficacité, et davantage de personnes peuvent bénéficier de ce programme si efficace.

26

Quelles sont les véritables origines de la Scientology ?

Après une vie d'études, son fondateur L. Ron Hubbard, a combiné les philosophies orientales avec la méthodologie scientifique et le sens pratique de l'Occident, en choisissant différentes façons d'envisager la vie et la spiritualité, en particulier les choses qu'il considérait comme vraies. Dans tout un univers de données, il a apporté des réponses à une série de questions, afin qu'elles puissent être appliquées et étudiées.

Les origines de la Scientology ne peuvent être retracées que jusqu'à son créateur, ce qui est fascinant, peut-être en raison de sa proximité, même s'il salue les plus de deux mille ans de pensée accumulée qui l'ont « éclairé dans son processus et dans son chemin ».

Il y a une conférence très intéressante de Ron Hubbard intitulée « Scientology : son héritage » dans laquelle il donne une explication magistrale. Le fait est que depuis des temps immémoriaux, les humains tentent de libérer l'âme du corps dans le but d'atteindre l'immortalité, et cette conférence couvre l'héritage religieux qui constitue la base de la Scientology. Il isole la substance même et la raison de l'influence religieuse dans la société, et Ron crée un pont solide entre l'Orient et l'Occident, la science et la religion.

27
Croyances et science-fiction

Hubbard était un auteur de science-fiction et de nombreuses voix l'ont accusé d'avoir créé les croyances internes de Scientology à partir de ses livres de fiction. Qu'en est-il ?

Non. Tout d'abord, Hubbard a écrit beaucoup et de tout, des romans du Far-West, des romances, et entre autres genres : de la science-fiction. Je pourrais peut-être répondre oui et non à la question, mais ces voix le font seulement pour essayer de discréditer.

Tout ce que Hubbard a vécu ou fait avait, j'imagine, une raison. Mais la science-fiction n'a pas forcément influencé ses croyances. De fait, il y a peu de choses, voire aucune, qui viennent de là... Je pense que son approche des philosophies orientales serait plus appropriée en termes d'influences. Bien que le « fais-le toi-même » puisse être équivalent au « crois-le par toi-même ». La foi est importante, mais la vérification personnelle de cette croyance l'est tout autant.

En fait, Hubbard a toujours insisté sur le fait que rien dans la Dianétique ou la Scientology n'était donné comme une vérité pour quelqu'un sans une constatation personnelle. Et il l'a clairement indiqué dans l'article intitulé « Intégrité personnelle »[13] dont voici un extrait :

> Ce qui est vrai pour vous est ce que vous avez observé par vous-même. Et lorsque vous avez perdu cela, vous avez tout perdu. Qu'est-ce que l'intégrité personnelle ? L'intégrité personnelle, c'est savoir ce que vous savez. Ce que vous savez est ce que vous savez ; c'est avoir le courage de savoir et de dire ce que vous avez observé. Et c'est cela l'intégrité et il n'y a pas d'autre intégrité ...

> En Scientologie, une chose n'est vraie que si vous l'avez observée, et elle n'est vraie que selon votre propre observation. C'est tout.

28
Animosité envers la psychiatrie

Pourquoi votre fondateur avait-il une telle animosité envers la psychiatrie ?

Je crois qu'il ne s'agit pas tant d'animosité que de montrer ce qu'ils ont vraiment fait et continuent de faire. Bien sûr qu'il y a eu des confrontations. En fait, quand il a développé la Dianetics, la première chose qu'il a faite a été de la présenter à l'Association Médicale Américaine et à l'Association Psychiatrique Américaine.

Mais ils voulaient la monopoliser, ils voulaient être les seuls à pouvoir l'utiliser, et c'est pourquoi Hubbard ne les a pas considérés comme étant fiables. Il a alors envisagé de diffuser le livre pour qu'il ne soit le monopole de personne, et à partir de là, il a commencé à être attaqué, discrédité, et une énorme quantité de faux documents ont été créés sur des supposées périodes de sa vie.

Si nous discréditons la personne, nous discréditons son œuvre pensent certains, sauf que les effets de la Dianetics et de la Scientology sont si bénéfiques, si forts et si durables qu'il faut bien plus que cela pour que les gens les laissent la détruire.

Si vous proposez quelque chose qui fera du bien dans un domaine, qui améliore un aspect de la vie dans un domaine qui jusque-là était contrôlé par une clique de personnes sans âme, attachez votre ceinture parce qu'ils vont s'en prendre à vous, à moins que vous n'ayez un puissant groupe de pouvoir politique derrière vous, auquel cas il ne vous arrivera peut-être rien.

Je suis très heureux que Ron ne se soit pas laissé intimider, mais qu'il ait continué malgré toutes les barrières qu'un groupe de personnes, utilisant l'industrie psychiatrique, a essayé de mettre en place.

❈

29
Aspects humains et alcool

Il est affirmé dans certains forums Internet que la Scientology tente de cacher certains des aspects les plus « humains » de son leader, à savoir une éventuelle dépendance à l'alcool.

Personnellement, je ne sais pas, et aucun de ses écrits ne reflète cette dépendance. Nous, scientologues, ne pouvons pas éviter que l'on dise du mal de notre fondateur. Il est certain que si nous avons le sentiment que quelqu'un dépasse les bornes, nous mettrons toute notre attention pour le défendre si nous considérons que l'effort en vaut la peine.

Il nous a laissé un chemin, un héritage et c'est ce qui compte pour nous.

Si Hubbard a fait quelque chose qui n'était pas bien, moi vraiment ça ne me préoccupe pas, je m'en tiendrai aux bonnes choses qu'il a faites, comme par exemple toute la méthode qu'il a développée pour que les gens se débarrassent de l'addiction à l'alcool et aux drogues grâce à laquelle des milliers de personnes dans le monde ont pu reprendre une vie saine.

Ron a écrit une lettre intitulée « ma seule défense pour avoir vécu[14] » en 1966, dans laquelle il mentionne des sujets dont il n'était pas fier, et ce que j'aime le plus dans cette lettre c'est ce passage :

> Ce que les gens disent sur ce que j'ai fait ou n'ai pas fait en tant qu'être ne change rien au fait que ma tâche est accomplie, qu'elle a été bien accomplie, et qu'elle vit pour aider l'homme à devenir meilleur. Que j'en retire un triomphe personnel ou que je meure pour cela dans cette vie n'a pas la moindre importance. Ce que j'ai fait pour l'homme et à son usage ne peut être défait par des milliers de colonnes de presse hostile ou par une centaine de milliards de mensonges calomnieux. Mes amis, et j'en ai beaucoup, savent que ce sont des mensonges, et cela est bien suffisant.

30
Nombre de fidèles dans le monde

Combien y a-t-il de fidèles de la Scientology dans le monde aujourd'hui ?

Nous n'avons pas un chiffre exact puisque la croissance est constante. L'Église Internationale estime qu'il y a des millions de gens qui pratiquent. Cependant, nous sommes conscients qu'il y a beaucoup plus de personnes qui bénéficient régulièrement de l'étude, de l'application et des techniques de connaissance trouvées ou enseignées en Scientology.

31
Qui a rendu qui riche ?

La Scientology a-t-elle enrichi son leader, ou avait-il déjà des biens ?

Ron Hubbard est issu d'une famille riche et a commencé à écrire des nouvelles et des romans dans sa jeunesse. Il était écrivain avant de fonder la Scientology et certains de ses livres de science-fiction figuraient sur les listes des best-sellers. En fait, tout le développement de la Scientology, ses recherches, tout ce qu'il a fait, tout ce qu'il a créé, il l'a payé avec les bénéfices qu'il a tirés de ses écrits, romans, etc. Il a financé lui-même ce que nous connaissons comme les écrits de Scientology et s'est ensuite assuré que l'Église puisse continuer de recevoir tous les droits d'auteur de ses écrits relatifs à la Dianetics et à la Scientology, contribuant ainsi à la poursuite de l'héritage que beaucoup considèrent comme l'un des plus importants de l'histoire. A tout le moins, il en est ainsi pour beaucoup d'entre nous.

C'est donc Ron Hubbard, avec ses découvertes pragmatiques pour la vie, qui a rendu l'Église et tout le mouvement qui l'accompagne riches, nous permettant de continuer à aider des millions de personnes.

32
Collecte de fonds et investissements

Comment collectez-vous habituellement l'argent de la Scientology, dans quoi l'investissez-vous et pourquoi, et quels seraient vos projets futurs ?

La Scientology fut fondée aux États-Unis, un pays où la religion n'est financée par le gouvernement d'aucun État. De plus, pour Hubbard, le sujet de l'échange était important, il était conscient que pour qu'une personne soit heureuse, elle devait sentir en situation d'échange. Si quelqu'un vous aide, vous l'aidez.

Il a défini que la meilleure façon de financer la Scientology était de créer un ensemble de services et de fixer des prix, ainsi les gens contribuent et en retour s'enrichissent de toutes sortes de valeurs parce qu'ils apprennent quelque chose. Et tout l'argent qui entre sert à soutenir l'église même à laquelle cette personne appartient. Électricité, eau, locaux, personnel, promotion, tout ce qui entre dans l'église est utilisé pour la faire connaître, entretenir les locaux, financer la ligne de publication, les lettres, etc.

Une partie de ces revenus est également utilisée pour des campagnes sociales. Toutes sortes de campagnes : lutte contre la drogue, éducation aux droits de l'homme, alphabétisation, secours en cas de catastrophe, etc. Ce que nous faisons, et c'est facilement démontrable, est uniquement subventionné par les contributions des membres de l'Église.

Ce que veut la Scientology dans le monde est une utopie - un monde sans guerre, sans drogue, et où les gens peuvent avoir des droits, s'élever et grandir. Mais pour y parvenir, nous pensons qu'il est nécessaire d'être présent dans tous les pays du monde et d'apporter nos solutions aux gens qu'ils appartiennent ou non à la Scientology.

Nous croyons que toutes les croyances peuvent coexister en paix. Indépendamment de cela, il est également clair pour nous que lorsque quelqu'un a un problème il doit avoir la possibilité d'une solution efficace à portée de main. Et nous pensons que c'est ce que nous pouvons apporter.

33
Influences et lobbies

On parle de la Scientology et on montre son influence sur la société, en particulier en Amérique, comme un lobby de pouvoir, dans quelle mesure est-ce vrai ?

Effectivement, nous voulons vraiment avoir une influence positive sur la société et nous ne ferions pas notre travail si nous n'offrions pas de solutions aux maux sociaux qui touchent tant de gens. Et nous ferions un très mauvais travail si nous n'essayions pas d'influencer la société pour résoudre ces fléaux.

Malheureusement ou non, la seule influence que l'Église exerce ou devrait exercer se situe dans les instances que les nations ont constitués à cet effet, comme les Nations-Unies, où l'Église est représentée au sein du Comité des ONG sur la liberté de religion et de conviction ; en outre, notre Fondation pour l'Amélioration de la Vie est reconnue comme une ONG dotée du statut consultatif spécial auprès du

Conseil Économique et Social des Nations Unies[15]; nous participons également aux sessions de l'OSCE (Organisation pour la Sécurité et la Coopération en Europe où les ambassadeurs de plus de 57 pays sont présents) ; et enfin le Bureau Européen de l'Église de Scientology pour les Affaires Publiques et les Droits de l'Homme est reconnu par l'Union Européenne (UE) en participant aux phases de consultation et en étant enregistré dans le registre de transparence de l'UE.

Nous ne recherchons pas de financement gouvernemental, donc nous n'avons aucune sorte de lobbying derrière nous à cet égard.

Notre seule intention est de parvenir à un monde sans drogue, sans criminalité et sans analphabétisme. Et bien sûr, nous ne créons pas d'entreprises parallèles pour financer nos activités. On m'a souvent dit : « Pourquoi ne pas créer une entreprise de (...) et verser un pourcentage pour couvrir les dépenses de l'Église ? » La réponse est toujours non. Nous proposons des cours et de l'audition pour libérer les gens de leurs peurs et de leurs pièges. Nous n'acceptons pas d'argent provenant de détournements de fonds ou de pratiques similaires. C'est assez que nous ayons à nous défendre parce que nous faisons les choses correctement, pour ne pas créer quelque chose qu'on puisse nous reprocher.

Nous progressons de plus en plus au niveau international, malgré les tentatives de certains vautours qui investissent beaucoup d'argent et de temps pour tenter de nous nuire. Nous nous développons à un rythme spectaculaire et nous pouvons ainsi mener de meilleures campagnes et participer aux activités de plus en plus d'institutions.

❖

34
Une philosophie simpliste ?

Une personne me faisait part qu'elle ne laisserait jamais ses enfants appartenir à la Scientology, « parce qu'il y a d'autres religions ou des philosophies plus profondes ». La Scientology peut-elle être considérée comme une philosophie « simpliste » ?

La Scientology est une philosophie religieuse au plus haut degré, allant du plus simple, du plus banal, au plus profond. Et cela dépend de celui qui la pratique, selon qu'il souhaite rester dans la partie simple ou creuser la partie plus profonde et peut-être plus complexe.

La Scientology n'a pas ce genre de prières ou de dogmes que l'on apprend et où tout est déjà fait. Nous croyons que l'être humain est libre et que, selon son évolution au sein de notre religion, il acquerra autant de connaissances qu'il en aura besoin. Quelqu'un qui veut savoir doit se préparer à comprendre, et nous pensons que la compréhension est fondamentale pour grandir.

En ce qui concerne les enfants, les parents ont le droit de les éduquer comme ils l'entendent, nous ne pouvons rien faire de plus que leur témoigner du respect, la famille est un pilier important qui doit être renforcé.

Cependant, les enfants des membres de notre Église reçoivent de la connaissance ainsi que la technologie pour qu'en fin de compte, ce soient eux, lorsqu'ils comprennent, qui décident d'être ou non scientologues. Personne n'est obligé d'être là où il ne souhaite pas être.

35
Des histoires dans mon courrier...

En apprenant que j'allais faire ce livre avec vous, une personne m'a envoyé cette histoire par courrier :

C'était un garçon hollandais qui avait été totalement embrigadé par cette secte. Ma société l'avait employé sur le même lieu de travail que moi. Au début, je pensais qu'il s'agissait simplement de nous vendre ses livres de Dianetics, etc., mais, même si ce garçon a essayé de tous nous embrigader, nous n'étions pas la cible, cette dernière étant les milliardaires pour lesquels nous travaillions. Disons qu'ils étaient le plat de résistance. Comme il n'a pas réussi et a été licencié car son comportement a toujours été extrêmement étrange, il a été expulsé de la Scientology, je ne sais pas si temporairement ou définitivement.

Ivan, quelle réponse peut-on donner à cette histoire ?

C'est ridicule, à moins que de façon évidente le comportement de la personne soi-disant embrigadée soit si étrange, incohérent et illégal que l'Église ait décidé qu'il devait partir.

Personnellement, après plus de 23 ans maintenant, je n'ai « embrigadé » aucun milliardaire et je n'ai pas été expulsé. Mieux encore, parmi tous les gens qui m'entourent, je ne connais personne qui ait « embrigadé » des milliardaires, même après des décennies.

Bien entendu, si une personne tire un bénéfice spirituel et moral d'une activité, philosophie ou religion, elle voudra le partager avec d'autres afin qu'ils en profitent également. Cela ne nous rend pas bizarre, c'est juste le signe que nous essayons d'être de bonnes personnes. Partager ce qui est bon est humain, et même quelqu'un qui serait considéré égoïste devrait aider les autres, car cela lui sera plus profitable que s'il ne se consacre qu'à les piétiner de peur qu'ils ne le surpassent.

36
Les groupes qui vendent dans la rue...

Il fut un temps où de nombreux groupes vendaient des choses dans la rue, les Témoins de Jéhovah, avec leurs Tours de garde ; les Mormons avec le livre de Joseph Smith ; les Hare Krishna, des colliers ; etc...

Bien sûr, cela me semble très louable. Il est vrai que dans certains endroits, il y a des gens qui vendent des livres de Dianetics dans la rue, mais la plupart du temps, c'est parce qu'un stand a été installé, qu'une autorisation a été obtenue pour que les gens puissent acheter les livres. Et s'ils le veulent, on peut parfois inviter les gens à une séance d'audition gratuite dans le même stand. Ce qui ne veut pas dire qu'il existe des directives spécifiques pour que cela soit fait ainsi.

Chaque pays est libre de développer ces activités. À New York, à certains moments, j'ai vu des tables entières à Time Square avec des livres de Dianetics. Mais il ne s'est jamais vendu au porte-à-porte, du moins à ma connaissance. Mais si cela s'est produit et que ce n'était pas illégal, je n'y vois aucun problème.

37
L'histoire du Néerlandais continue

L'histoire de ce prétendu « adepte » de la Scientology néerlandaise se poursuit :

Je n'ai jamais acheté ses livres de Dianetics. Selon ce qu'affirmait ce jeune, la médecine et la psychiatrie ne servaient à rien et il parlait d'une conspiration mondiale pour maintenir le monde drogué. C'était fou, et en plus avec ce livre de Dianetics, il disait que vous pouviez apprendre plusieurs langues en quelques jours et gagner l'aptitude à soigner toutes sortes de maladies. Je ne sais pas si c'est vrai, mais en tant que vendeur, ce Néerlandais n'avait pas de prix.

Que pouvez-vous répondre à cela ?

En ce qui me concerne, j'ai commencé à apprendre les langues avant la Dianetics, avec des efforts et avec les méthodes qu'on trouve sur le marché. Mais il est vrai qu'au cours de ma carrière dans l'Église, j'ai amélioré ce que je savais et j'en ai même appris davantage. La Dianetics aide fondamentalement dans la persévérance et peut renforcer votre esprit afin de de vous donner l'aptitude à ne pas laisser les choses à moitié faites.

D'autre part, la Scientology n'a rien à dire sur la médecine, et chaque scientologue sait qu'il doit se rendre chez son médecin s'il est malade ; dans les églises, il y a même une affiche qui invite les gens à consulter leur médecin s'ils veulent être guéris de quelque chose. Nous encourageons les gens à prendre soin d'eux-mêmes et à utiliser la médecine comme outil de prévention, et je ne crois pas qu'il y ait quelque chose de plus sain.

L'industrie psycho-pharmaceutique n'est pas très populaire, même dans le monde scientifique. Nous n'aimons pas du tout cela, et la psychiatrie en général nous inspire peu ou pas de respect. De plus, la Scientology cherche à faire campagne au niveau international contre nombre de leurs pratiques abusives chaque fois que cela est possible.

Mais le plus curieux est qu'il y a de plus en plus de psychiatres honnêtes qui révèlent eux-mêmes toutes les horreurs qu'ils découvrent, tant dans l'histoire de leur profession que dans son exercice actuel.

Qu'il existe une conspiration mondiale visant à créer des personnes malades, dépendantes de drogues psychiatriques ? Ce n'est pas moi qui le confirmerais, car je n'étudie pas ces théories, mais je ne les nierais pas non plus.

Ce qui est indéniable, c'est qu'il existe un petit groupe de gens qui contrôlent le marché mondial des produits psycho-pharmaceutiques et qui essaient de noyer l'humanité dans les problèmes. Ici la clé est : qui demande à l'industrie psycho-pharmaceutique de créer cette niche de marché ? Ils semblent vouloir « guérir » la vie, et ils la tuent comme si c'était une maladie.

38
L'histoire liée au livre de Dianetics continue...

Je vous le dis, je ne l'ai jamais acheté, mais un soir de service, j'ai trouvé un exemplaire dans le tiroir, alors j'ai décidé de le lire avec objectivité. Le livre, écrit par le fondateur de la Scientology « Hughes » ou quelque chose comme ça, est un mélange de tout ce que tout le monde peut comprendre comme idées communes ou acceptables, un peu de bouddhisme, de développement personnel et ainsi de suite, et vous dites oui, d'accord, je suis d'accord et vous tournez la page et vous dites oui, d'accord, je suis d'accord et vous tournez de plus en plus jusqu'à ce que vous arriviez presque mathématiquement à la page 300, si je me souviens bien, et cela commence à déblatérer contre l'homosexualité.

Dans certains endroits de la planète, on a tenté de détecter une certaine homophobie chez Ron Hubbard, dans quelle mesure est-ce vrai ?

La Scientology et les scientologues, ainsi que Ron Hubbard, sont contre la discrimination, comme nous le démontrons par notre défense vigoureuse de la Déclaration universelle des droits de l'homme et de fait, nous avons ce qui est sans doute la campagne non gouvernementale (et autofinancée) la plus réussie au monde pour faire connaître les 30 articles de cette déclaration, et surtout le deuxième :

> Article 2 : Chacun peut se prévaloir de tous les droits et de toutes les libertés proclamés dans la présente Déclaration, sans distinction aucune, notamment de race, de couleur, de sexe, de langue, de religion, d'opinion politique ou de toute autre opinion, d'origine nationale ou sociale, de fortune, de naissance ou de toute autre situation. De plus, il ne sera fait aucune distinction fondée sur le statut politique, juridique ou international du pays ou du territoire dont une personne est ressortissante, que ce pays ou territoire soit indépendant, sous tutelle, non autonome ou sous toute limitation quelconque de souveraineté.[16]

J'ai des amis qui sont scientologues et homosexuels, et je ne les ai jamais traités différemment du reste de mes amis ou du reste des scientologues, et ni en tant que personne ni en tant que président de l'Église, je ne me réjouirais d'une discrimination à l'encontre de quiconque sur la base du sexe, de la race, du milieu culturel ou de l'orientation sexuelle. Les droits de l'homme et la dignité de la personne doivent être respectés pour tous.

D'autre part, tous les livres liés à des pratiques ou des voies spirituelles ont des influences qui dépendent également de l'époque à laquelle ils ont été écrits, le fait est que les scientologues savent que ces influences existent et Ron Hubbard a décrit de façon claire d'où provenait chacune de ses influences.

Dans le livre de la Dianétique, publié le 9 mai 1950, Ron mentionne l'homosexualité. A cette époque c'était très mal vu, et si nous prenions le livre nous verrions à quel point c'était peu sa propre opinion, mais plutôt celle d'une étude de psychologues et de sociologues de l'époque, à propos de laquelle il s'est exprimé.

Par la suite, le sujet n'a pratiquement plus été abordé jusqu'en 1967, lorsque Ron a publié une circulaire à destination des églises (et qui est toujours en vigueur) qui dit en partie :

> *Cela n'a jamais fait partie de mes plans de réguler ou de tenter de réglementer la vie privée des individus. Chaque fois que cela s'est produit, cela n'a pas entraîné une amélioration des conditions. Par conséquent, toutes les règles, réglementations et politiques antérieures relatives aux activités sexuelles des scientologues sont annulées par la présente.*

M. Hubbard a ensuite écrit de nombreux autres articles et livres, dont le dernier, intitulé *Le Chemin du bonheur*[17], expose sa vision finale de ce qu'il considère comme une conduite éthique et morale dans la vie, et aborde la question du sexe. A aucun moment il n'y dit que l'homosexualité doit être traitée d'une manière différente.

Dans ce livre, dans le précepte n° 3, il dit : « *Ne soyez pas de mœurs faciles et soyez fidèle à votre partenaire sexuel* », mais à aucun moment il ne parle de genre, car en fin de compte ça n'avait plus d'importance. Dans ses recherches et ses conclusions, il a établi que nous sommes des êtres spirituels et qu'en tant que tels, le seul à avoir un genre sexuel est le corps.

Je ne connais aucune autre croyance religieuse où ses membres sont aussi clairs sur l'origine de chacune des règles, préceptes ou solutions pratiques donnés par son fondateur. La différence est que nous ne nous contentons pas de dire « oui, d'accord, je suis d'accord et je tourne la page ». Non, nous restons sur la page et essayons de la comprendre profondément et de l'intégrer dans notre vie. Nous le faisons, c'est pratique et cela nous aide, c'est pourquoi nous finissons par faire pleinement confiance à la technologie exposée dans le livre La Dianétique – il ne s'agit pas d'explications sur la société de l'époque, mais plutôt de la méthode pratique qu'il propose. Cette confiance n'est pas fondée sur la foi, mais sur notre propre expérience.

C'est à cause de tout ce qui précède que je crois que l'identité sexuelle n'est pas nécessairement la chose la plus importante, parce que l'esprit n'a pas de sexe. La dernière chose que Ron a écrite concernant les relations sexuelles et amoureuses (et je pense que c'est ce qui marque sa position) est décrite dans le livre que j'ai mentionné précédemment et qui dit :

> L'infidélité de l'un des partenaires peut considérablement réduire notre survie. Les exemples abondent dans l'histoire ou les journaux qui montrent que l'infidélité suscite fréquemment des passions violentes. Le sentiment de culpabilité est le moindre mal. La jalousie et la vengeance sont des démons plus néfastes : on ne sait jamais quand ils se réveilleront. Il est très facile de se dire « civilisé », « libéré » ou « compréhensif », mais aucun discours ne réparera des vies détruites.

39
Suite de l'histoire... l'hypnose

Le jeune homme, et avec cela je termine cette histoire, a fini par dire :

Je ne me souviens pas si c'était dans le livre La Dianétique *ou si c'était quelque chose que ce pauvre garçon m'a dit brièvement, mais il y avait une partie liée à l'hypnose. Cette affaire m'a mis sur mes gardes car j'ai compris qu'il pouvait s'agir d'un système de recrutement bien pensé.*

L'hypnose ou des techniques similaires sont-elles utilisées en Scientology ?

Pas même de loin, bien au contraire. Au début, certaines personnes pensaient que dans l'audition on pratiquait une sorte d'hypnose, ce qui est totalement éloigné de la réalité. Hubbard lui-même était contre cette pratique, qu'il a dénoncée à de nombreuses reprises. Dans le livre *La*

Dianétique, il est écrit que de telles pratiques sont contraires à cette technologie. Dans son livre : « Science de la survie », il expose également les dommages qu'elle peut causer. Il était contre l'hypnose parce cela provoque chez la personne le fait d'être ou de demeurer inconsciente de certaines choses et donc pas capable d'analyser ce qu'on lui dit de faire. De plus, on s'expose à ce que l'hypnotiseur laisse gravé ce qu'il veut dans le « subconscient » de la personne sans qu'elle s'en rende compte. Je ne me soumettrai jamais à l'hypnose, je préfère chercher à comprendre ce qui m'arrive et, à partir de là, voir comment le contrôler consciemment.

La Dianetics veut que la personne soit consciente de tout ce qui arrive, de quand cela lui arrive, et que de plus, elle puisse l'analyser afin d'être capable de prendre ses propres décisions. Par conséquent, une personne sur le point de recevoir une audition de Scientology ou de Dianetics doit être reposée, nourrie et consciente à cent pour cent de ce qui va se passer lors de cette séance. C'est aussi pourquoi elle ne peut pas boire d'alcool pendant au moins 24 heures avant la séance.

À mon avis, l'hypnose peut faire beaucoup de mal, même lorsqu'elle est utilisée à des fins thérapeutiques. Ce n'est même pas à cause de l'intention de l'hypnotiseur, mais parce que l'hypnotiseur ne peut pas en contrôler (et la personne non plus) l'effet, puisqu'il s'agit simplement d'une réponse à un stimulus au lieu de décisions analysées. Personne ne peut évaluer quelle sera la réaction du sujet.

Dans le livre deux, chapitre cinq de *La Dianétique*, Ron Hubbard écrit :

> Car l'hypnotisme, telle qu'il est pratiqué à l'heure actuelle, est de la dynamite à l'état pur, et l'hypnotiseur qui ne connaît pas la Dianetics n'est pas plus apte à annuler une suggestion qu'il ne l'est à éplucher un atome. Il a cru qu'il possédait les réponses, mais nous avons traité au moyen de la thérapie de Dianetics de nombreux cas qui avaient été hypnotisés auparavant, et qui étaient complètement « démolis », comme disent les ingénieurs qui s'intéressent à la Dianetics.

40
Et d'autres questions des internautes

En relisant les questions qui m'ont été posées lors de la rédaction de ce livre et en préparant la sélection de celles-ci, j'ai reçu le commentaire suivant :

Je n'ai pas les outils pour juger ce mouvement en tant que secte, ni pour juger s'il s'agit d'une science, d'un groupe religieux ou philosophique. Si je réponds de manière intuitive, je vous dirai que pour moi « ce mouvement sent mauvais et qu'il ne m'inspire pas confiance ». Cela signifie qu'il a tout l'air d'être une secte, bien que je ne puisse pas le dire catégoriquement. Ou alors les Témoins de Jéhovah ne sont-ils pas dangereux ?

Ivan, dans la phrase « je ne peux pas le dire catégoriquement », il y a un processus d'intuition qui tend à faire penser à beaucoup de gens que la Scientology est dangereuse. Quel est ton avis ? (Quant aux Témoins de Jéhovah mentionnons qu'Ivan Arjona a des parents qui appartiennent à cette religion.)

Il y a eu beaucoup de matraquages de données et de faux rapports sur ce qu'est et n'est pas la Scientology, et cela crée beaucoup de retombées qui composent des réponses intuitives sur nous et sur beaucoup d'autres groupes[18].

Il y a des gens qui sont experts dans l'utilisation des médias pour qu'il en soit ainsi. En fin de compte, et surtout à l'heure actuelle, les médias sont cela, des médias qu'un certain groupe utilise pour générer une opinion, non pas pour que les gens pensent, mais pour leur dire ce qu'ils doivent penser et leur faire croire que c'est leur opinion. Tant que nous n'aurons pas réussi à défaire tout cet endoctrinement médiatique, et que nous ne réussirons pas vraiment à atteindre toute la société avec nos informations, les gens seront dans l'ignorance, et cette ignorance génèrera de la méfiance.

C'est pourquoi nous développons de plus en plus nos propres moyens d'information, afin que les gens puissent nous connaître sans filtre et tirer leurs propres conclusions. C'est pourquoi nous sommes l'un des mouvements qui possédons le plus de sites Internet.

Nous avons envoyé des livres avec nos fondements[19] à toutes les bibliothèques du monde pour que les gens puissent lire et décider par eux-mêmes s'ils aiment ou non la Scientology, s'ils sont intéressés ou non, mais surtout pour que chacun puisse bénéficier de tout ce que nous avons à offrir. Je dois dire clairement que de plus en plus de gens se débarrassent de cette méfiance et commencent à accepter le fait que c'est un mode de vie ou une philosophie aussi respectable que les autres, et que la religion n'est pas ce monstre que certains veulent dépeindre. Nous assistons à la renaissance de la religiosité.

<u>Note de l'auteur :</u> depuis une décennie, ce sont précisément les religions majoritaires qui sont en confrontation permanente, les juifs contre les musulmans, les chrétiens au milieu, etc. Sans parler des scandales de pédophilie dans certains diocèses du monde au sein de l'Église catholique. Néanmoins, et malgré les barbaries qu'ils commettent, ils continuent à être respectables et intuitivement acceptés sans problème. La répétition des mensonges leur fait prendre une force inhabituelle et cela rend dangereux le fait de parler de certains sujets. Faire face à la clarification permanente de la vérité ne nous apporte que l'isolement et la critique, surtout à ceux d'entre nous qui, comme dans mon cas, ne professent aucune religion ou croyance, du moins dans la sphère publique. Nous sommes critiqués par les nôtres et par des étrangers. Dans mon cas, lorsque j'ai écrit le livre *Scientology : la plus longue bataille*, j'ai découvert que même lorsque vous voulez être tolérant envers un groupe, que j'ai

publiquement soutenu contre vents et marées, vous rencontrez des gens dans ce groupe qui vous regardent avec suspicion, malgré mon intérêt à tenter de poursuivre l'étude d'un mode de pensée qui me fascine.

Jusqu'à présent, je pense que Hubbard dépasse de loin la capacité de compréhension d'un grand nombre de scientologues qui ne restent qu'en surface. Du fait qu'ils sont si spéciaux, ils ont parfois un comportement mécanique et dans le domaine de l'esprit, ce n'est certainement pas une bénédiction, un tel comportement rendant souvent les gens intolérants dès le départ.

Je suis néanmoins conscient que l'Église est opposée à toute forme de radicalisation, car, pour parvenir à une véritable liberté, il faut, en fin de compte, accepter la diversité comme un moyen de se rapprocher du but que l'on poursuit.

❖

41
À quoi servent les dons ?

Nous avons beaucoup commenté les différentes actions que l'Église réalise et la question se pose, à quelle série d'actions sont destinés les dons de vos célèbres membres ?

En Scientology, tous les dons contribuent au bien commun de la société, qu'ils proviennent de célébrités ou de personnes non célèbres. Je me permets de dire que même les personnes qui ne sont pas célèbres sont très généreuses, surtout lorsqu'elles ont fait l'expérience de l'aide efficace que la Scientology et ses campagnes apportent.

S'il est vrai que les apparitions publiques de célébrités qui soutiennent certaines des campagnes contribuent à les faire connaître, ce qui aide le plus est l'attention et l'amour quotidien que les scientologues apportent pour utiliser toutes ces ressources communes.

Les actions sont diverses, entre autres :

Les campagnes de prévention de la toxicomanie, qui touchent chaque année plus de 500 millions de personnes dans le monde.

Les campagnes contre les abus commis dans le domaine de la psychiatrie telle qu'elle est pratiquée depuis cent ans. Au cours des 50 dernières années cette campagne a abouti à la promulgation de plus de 180 lois et règlements dans le monde entier qui protègent les droits des individus dans le domaine de la santé mentale.

Dans la mesure du possible, nous participons à des actions humanitaires, je me souviens comment, lors du tremblement de terre à Haïti, John Travolta a affrété un avion, à ses frais, avec du matériel médical, des tonnes de nourriture, du personnel médical et des volontaires de l'Église. C'était le premier avion civil qui a atterri dans la région.

Par ailleurs, il existe un centre Narconon ArrowHead dans l'Oklahoma qui peut accueillir environ 350 toxicomanes, étudiants, et qui a été entièrement financé par des scientologues célèbres et moins célèbres.

Nous travaillons aussi à faire connaître la Déclaration Universelle des Droits de l'Homme des Nations-Unies et avons financé la conception, l'étude, le développement, la production et l'envoi de plus de 250 000 livrets spécialisés sur les droits de l'homme aux enseignants du monde entier, afin qu'en éduquant les jeunes sur l'importance des droits de l'homme, nous puissions avoir un avenir meilleur.

Et en cas de catastrophes, qu'elles soient naturelles ou provoquées par l'homme, nous sommes aussi toujours là, fidèles au poste, et chaque fois davantage. Pour ne citer qu'un événement récent, nous aidons à gérer la pandémie COVID19, avec des livrets d'informations sur la prévention des maladies en 17 langues, des vidéos, et même des gels hydroalcooliques pour la police et l'armée[20], des masques, des gants[21], des repas chauds pour le personnel soignant, la désinfection des lieux publics, et bien d'autres choses. Cela se fait par l'intermédiaire de notre groupe de ministres volontaires de Scientology

42

Admettez-vous tout le monde ?

Une personne pauvre peut-elle être membre de votre Église ? Admettriez-vous un toxicomane ou un homosexuel comme membre de votre communauté ?

Bien sûr que nous admettons tout le monde tant qu'ils veulent aller mieux et montrent de bonnes intentions.

Une personne qui a un problème avec la drogue devrait d'abord se désintoxiquer parce que, dans l'Église, elle ne pourrait pas bénéficier de ce que la Scientology propose si elle est sous l'influence de la drogue. C'est pourquoi nous lui suggérons de se désintoxiquer d'abord et de revenir ensuite

Quant à une personne ayant une tendance homosexuelle, cela ne poserait aucun problème. Lorsque quelqu'un vient suivre un cours ou recevoir de l'audition, on ne lui demande pas s'il est homosexuel ou non, c'est son affaire. Si votre tendance génère un problème que vous souhaitez résoudre à un niveau personnel, nous vous aiderons à le résoudre et à vous sentir bien avec vous-même.

Mais que faire si vous n'avez pas les moyens de payer votre audition ?

On peut vous aider de beaucoup d'autres façons, et il est prévu au sein de chaque église de Scientology d'aider gratuitement ces personnes. S'ils n'ont pas de ressources, ils peuvent toujours avoir accès à des services religieux qui peuvent leur permettre d'améliorer leur situation personnelle, sociale et même financière, tant que la méthodologie est appliquée correctement.

L'un des avantages de la technologie développée par Ron Hubbard est que vous pouvez immédiatement détecter le niveau de chacun d'entre eux et qu'il est facile de voir qui travaille honnêtement et qui n'est qu'un profiteur opportuniste, et n'a aucune envie d'amélioration personnelle.

On aiderait un toxicomane à se sortir de la drogue, c'est la seule chose à faire. Si quelqu'un ne prend pas sa réhabilitation au sérieux, s'il ne s'implique pas, il lui est impossible d'avancer dans la vie. Au sein de l'Église, il existe des milliers d'exemples de personnes réhabilitées qui sont scientologues. Aujourd'hui, il y a des homosexuels qui sont des paroissiens de l'Église, bien que ce ne soit pas en très grand nombre à ma connaissance. Mais il est vrai qu'ils sont de plus en plus nombreux et pour moi c'est simplement un paroissien de plus qui doit être traité avec la même dignité que les autres. Il y a des pays où il est interdit de confesser son homosexualité et d'autres où la normalité règne, mais l'Église n'a jamais cherché à embêter qui que ce soit en raison de son orientation sexuelle, car nous respectons et promouvons les droits de tous.

43
Drogues psychiatriques, troubles, schizophrénie et autres...

Après avoir pris connaissance de vos différentes campagnes contre la médecine psychiatrique, je me demande ce que vous pensez de certains troubles mentaux comme la schizophrénie ? Qu'est-ce que c'est pour vous ? Comment la traiteriez-vous ?

L'Église ne traite aucune maladie. Nous sommes, comme beaucoup, contre les effets dévastateurs des traitements psychiatriques qui sont promus, et la façon dont ils sont administrés encore aujourd'hui. Cependant, nous sommes très conscients qu'il existe des situations de souffrance, des troubles, qui rendent la vie et le bien-être des personnes extrêmement difficiles, et dont il faut s'occuper pour les aider à y faire face, voire à y remédier. Pourtant, le droit d'aider ces personnes n'est pas « une licence pour droguer et enfermer ». Et ce n'est pas moi qui le dis, c'est par exemple un rapport des Nations-Unies, le rapport A/HRC/39/36 « Santé mentale et droits de l'homme - Rapport du Haut-Commissaire des Nations-Unies aux droits de l'homme », qui expose et dénonce ce qui suit (page 10 du rapport)[22]:

> Olga Runciman, de Psycovery, a présenté les travaux de Hearing Voices Network, mouvement qui menait des activités hors du cadre de la psychiatrie dans 33 pays. Pour illustrer la manière dont la psychiatrie muselait et assujettissait les patients en les réduisant à un diagnostic, elle a évoqué le cas d'une femme qui avait été soumise à un traitement médicamenteux sans donner son consentement. Rien n'avait été fait pour comprendre les causes de sa détresse, liée à un traumatisme qu'elle avait subi par le passé. Au contraire, l'accent avait été mis sur le diagnostic de schizophrénie et sur les voix qu'elle entendait.
>
> Mme Runciman a conclu en précisant que le mouvement et réseau Hearing Voices permettait aux personnes de se faire entendre et aux entendeurs de voix de s'entraider pour trouver un sens et une justification à ce qu'ils vivaient. Le réseau encourageait la mobilisation et la sensibilisation du public aux effets néfastes que pouvait avoir la psychiatrie.

Il existe des médecins et des groupes qui essaient de trouver et parfois trouvent des méthodes non agressives, y compris des remèdes naturels, pour traiter ce que les psychiatres appellent les maladies mentales.

Comme vous le voyez dans la citation ci-dessus, il existe des méthodes non agressives et non invasives qui aident, en utilisant de vrais médicaments ou de vrais soins.

Donner une drogue à l'une de ces personnes n'est pas la guérir, c'est simplement la contrôler pour qu'elle gène le moins possible. Dans de nombreux cas, les méthodes alternatives sont moins coûteuses, mais une plus grande implication est nécessaire pour aider et les bénéfices économiques immédiats diminuent.

Je crois qu'il existe des traitements alternatifs avec l'utilisation de la niacine (vitamine B3) ou de la vitamine B12.

Certaines personnes ont peur parce qu'avec des quantités considérables de niacine, vous pouvez devenir très rouge, mais elles n'ont pas peur du fait que les psychotropes qui sont donnés vous rendent plus fou ou même produisent des pensées suicidaires. Un peu étrange, à vrai dire...

Quoi qu'il en soit, la neuroscience recherche des moyens moins agressifs. Si vous donnez des drogues à un schizophrène, vous ne faites que le contrôler. Le jour où il cesse de prendre les pilules, quelles que soient les circonstances, il peut devenir une bombe à retardement.

Si nous analysions, comme le fait la Scientology, un grand nombre des meurtres de masse dans les écoles et les lycées (et pas seulement), nous verrions qu'ils sont, dans une grande majorité, commis par des personnes qui sont étiquetées comme souffrant de quelque maladie mentale, mais surtout droguées pour cela et étaient soit sous les effets des psychotropes qu'on leur avait administrés, soit en état de manque. Une consommation importante de psychotropes marque pour la vie, cela peut même conduire à l'automutilation ou au suicide, et c'est aussi le cas lorsque l'on dit à un enfant dès son plus jeune âge qu'il est malade.

44
Image négative et celébrités...

Le commentaire suivant, a été pris parmi beaucoup d'autres qui me sont parvenus à l'époque :

J'ai toujours considéré la Scientology comme une secte. J'avais compris que dans certains pays, elle est considérée comme une organisation très dangereuse. J'en sais bien peu à son sujet, si ce n'est qu'il y a des artistes hollywoodiens (comme John Travolta ou Tom Cruise) qui en font partie.

Que pouvez-vous me dire à ce sujet ?

La Scientology a été attaquée dans certains pays avec d'autres mouvements religieux, mais ce que les médias ne promeuvent pas, c'est le grand nombre de victoires judiciaires et administratives que nous avons accumulées (sans parler des témoignages honnêtes des personnes qui ont reçu de l'aide bien sûr...).

Dans le même commentaire je pense que cette personne se répond à elle-même en disant qu'elle n'en sait pas assez pour avoir une opinion, et que celle-ci est plutôt fondée sur ce qu'elle a entendu de gens peut-être aussi peu informés qu'elle.

Tout nouveau mouvement peut être et est la cible de controverses, en particulier venant de personnes plus proches des religions déjà institutionnalisées. Il est clair que les personnes qui contrôlent certains marchés de la drogue, qu'ils soient légaux ou illégaux, ne seront pas à l'aise avec nos campagnes.

45
La vie au-delà d'Hollywood

La Scientology est-elle un mouvement lié à Hollywood, ou a-t-elle une vie au-delà des étoiles du cinéma ?

Il y a de la vie au-delà des étoiles, il y a la vie au-delà d'Hollywood, c'est évident. La plupart des membres de l'Église ne sont pas des personnes connues, mais il est indéniable que certaines des personnes les plus productives à Hollywood sont des scientologues. Le bouddhisme a aussi ses célébrités. La Kabbale et les mouvements évangéliques ont de nombreux acteurs dans leurs églises, sans parler des politiciens. Obama lui-même a parlé à son pasteur un jour avant de prêter serment en tant que président des États-Unis. Angela Merkel, la chancelière allemande est luthérienne, et Mariano Rajoy en Espagne était ou est catholique.

J'oserais dire, sans me tromper, que les scientologues à Hollywood, malgré leur notoriété, sont vraiment une minorité dans la Scientology. Il y a des scientologues dans le monde du sport, de la science, de la médecine, de la construction, dans tous les domaines de la vie. Bien que cela soit moins vendeur. Dans les magazines people, sur Internet, les célébrités sont utilisées pour parler de la Scientology et vice versa, afin d'attirer ainsi plus de lecteurs. C'est dommage.

46

Les fausses nouvelles que certains médias ne cessent de répéter...

Une autre des questions les plus débattues à un moment donné a été la mort du fils de John Travolta et son possible abandon de l'Église.

Vous conviendrez avec moi qu'il est dégoûtant que certaines personnes utilisent leur « devoir d'informer » et la liberté d'expression pour répandre des mensonges non seulement nuisibles mais aussi écœurants comme dans le cas dont vous parlez.

À plusieurs reprises, Travolta lui-même a publiquement remercié la Scientology pour le grand soutien que l'Église lui a apporté dans une période aussi difficile[23]. Certains médias et aussi des gens sans cœur ont répandu des rumeurs liées à sa perte, que je ne veux pas répéter. Ils voulaient juste lui faire du mal, à un moment où l'acteur et sa famille avaient déjà assez de peine. Il n'y a rien de plus honteux que quelqu'un qui utilise la tragédie d'un autre uniquement pour faire la une des journaux.

Si nous écoutions toujours les médias sans les tenir responsables de ce qu'ils disent et sans vérifier leurs dires auprès des sources appropriées, nous serions complètement perdus. Ils ont publié tant de fois que lui ou d'autres ont quitté l'Église, que je vais finir par penser qu'ils ne savent pas s'exprimer et que ce qu'ils veulent dire, c'est qu'ils sont allés à l'église, qu'ils sont rentrés chez eux, que la semaine suivante ils sont retournés à l'église, et ainsi de suite. Sinon la seule autre explication est que ces médias mentent tout simplement en toute connaissance de cause.

<u>Note de l'auteur</u> : le fils de John Travolta et de Kelly Preston est mort le 2 janvier 2009. Jett Travolta a été diagnostiqué enfant avec la maladie de Kawasaki, maladie qui malheureusement, après une série de complications produites par la maladie elle-même, a mis fin à sa vie très jeune. La même année, en octobre, John Travolta et sa femme Kelly sont photographiés et filmés lors d'une manifestation de l'Association Internationale des Scientologues en Angleterre. Dans l'une des vidéos, vous pouvez voir comment ils sont assis au premier rang d'une salle remplie de membres de la Scientology, soit quelque 4 000 personnes, et comment d'autres célébrités qui n'avaient pu leur présenter leurs condoléances, dont Tom Cruise ou le musicien Chick Corea, les

abordent pour les étreindre. Il est clair que le journalisme donnant du crédit à beaucoup de « sans scrupules » peut faire beaucoup de mal aux personnes qui sont dans des moments de vulnérabilité, qu'elles soient célèbres ou non. Le courage de la famille Travolta est digne d'admiration, tout comme sa conviction religieuse.

✦

47
Des militants radicaux... ?

Un livre a été écrit sur Tom Cruise, affirmant qu'il était un militant radical de votre Église. Avez-vous des militants radicaux ?

Il y a des gens qui écrivent juste pour écrire comme vous le savez, et qui se servent des célébrités pour vivre, sans rien leur donner en retour, comme c'est le cas de l'auteur du livre dont vous parlez. Tom Cruise a démontré à d'innombrables reprises, non seulement sa capacité d'acteur, mais aussi sa capacité humaine à s'impliquer dans de grands projets pour aider la société. Si c'est cela être radical, espérons qu'il y en ait beaucoup comme lui.

Je vais vous donner un exemple de certains de ses projets. Tous les pompiers et policiers qui se trouvaient au Ground Zero, ce 11 septembre 2001 fatidique, ont été, selon les rapports médicaux, exposés à un nombre infini de toxines. Pour tous ces héros méconnus qui ont risqué leur vie et leur santé, Tom Cruise a lancé et développé tout un projet, y compris l'obtention de fonds, pour que toutes ces personnes, ou celles qui le souhaitaient, puissent suivre un programme de désintoxication corporelle. De nombreux pompiers et policiers ont suivi ce programme.

Ce projet était basé sur un programme laïc utilisant une technique développée par Ron Hubbard, le fondateur de la Scientology. Eh bien, il a mis en place l'infrastructure pour rendre cela possible.

Il a également soutenu tout un réseau d'écoles pour les personnes âgées et les personnes défavorisées appelé « HELP, Hollywood Education and Literacy Project ». Il s'agit d'un réseau en pleine expansion où la lecture et l'écriture sont enseignées gratuitement.

Il y a beaucoup de jalousie dans la société, et parfois certains s'attaquent aux personnes qui réussissent ce qu'eux-mêmes n'ont pas pu réaliser. Aujourd'hui, il est facile de dire que quelqu'un est un radical parce qu'il croit fidèlement et sans réserve en ce qu'il fait. Mais les radicaux sont peut-être ceux-là même qui s'attaquent à tout ce qui bouge au lieu de faire quelque chose de constructif dans la société.

La Scientology et toute sa structure, ainsi que nos enseignements, sont développés de manière à rendre la radicalisation difficile. Si quelqu'un se radicalise, il n'est pas un bon scientologue. Si l'on étudie et comprend correctement, il n'y a pas de place pour la radicalisation.

Tom Cruise s'est avéré, à maintes reprises, être un bon scientologue, qui donne l'exemple.

48
Célèbre en Espagne...

Il y a certains acteurs en Espagne qui ont déclaré appartenir à la Scientology. J'imagine qu'il en existe d'autres, et si c'est le cas, pourquoi sont-ils généralement réticents à le dire ?

Il y a des gens qui ne veulent pas le dire, mais de moins en moins. Ils désirent être connus comme acteurs ou actrices, être connus pour leur travail et non pour ce qu'ils croient ou ne croient pas.

Il est également vrai qu'en Espagne, nous sommes encore à des années-lumière de pays comme les États-Unis, où personne n'est persécuté (sauf par les quelques vautours habituels) ou pointé du doigt en raison de ses croyances. En Espagne, il suffirait que quelqu'un appartenant à l'Église le dise publiquement, et cela se répandrait dans tous les journaux et tabloïds en quelques minutes.

D'autre part, nous avons également aidé de nombreuses personnes à redresser les aspects de leur vie qui les intéressaient lorsque c'était nécessaire, sans que cela fasse d'elles des scientologues, et c'est donc leur décision de nous remercier publiquement ou en privé pour l'aide reçue. Chacun a sa propre situation et, pleinement conscient de cela, je le respecte profondément. Mais trop de personnes dans les médias ne semblent pas s'en soucier le moins du monde et harcèlent et démolissent toute personne de bonne foi qui est sur leur chemin.

La vie privée est fondamentale pour ceux qui le souhaitent, et elle est protégée par les lois de notre pays et celles de nombreux autres.

❖

49

Comment attirez-vous des adeptes ?

Nous n'avons pas d'adeptes et nous n'attirons personne. C'est un terme qui est un peu démodé à mon avis. Il y a des gens qui, lorsqu'on leur donne des informations sur ce que nous faisons ou en expérimentant par eux-mêmes les avantages qui découlent de l'application de certaines méthodes de la Scientology, décident d'aller plus loin et de les faire connaître à un plus grand nombre de personnes.

Nous faisons de la promotion pour que les gens nous connaissent. Mais surtout les gens qui s'y intéressent le font parce qu'un membre les a aidés d'une manière ou d'une autre avec les techniques de la Scientology ou simplement parce qu'ils croient que la vie peut être meilleure, que la société peut être meilleure qu'elle ne l'est.

Nous organisons des congrès, des conférences et vous êtes vous-même venu dans nos locaux pour parler des « sectes » et parfois vous avez critiqué certains aspects de notre façon d'agir que vous n'aimiez pas, et en fin de compte il est toujours bon de discuter, d'échanger et de confronter les opinions, tant que cela se fait dans le respect.

Nous avons des médias, des pages web parfaitement identifiées, la grande majorité des personnes qui nous contactent savent à l'avance qu'elles sont en contact avec la Scientology ou avec des membres de notre Église. Il n'est pas bon de cacher quoi que ce soit, surtout aujourd'hui, mais cela ne signifie pas non plus qu'il faille montrer sa carte d'identité ou faire lire 40 livres aux gens avant de pouvoir engager la conversation.

50

Combien d'argent vos fidèles doivent donner pour la cause ?

Ce qu'ils souhaitent. Il n'y a pas de minimum ou de maximum. Si vous ne souhaitez pas apporter de contributions, vous pouvez accéder aux livres par l'intermédiaire de la bibliothèque et les mettre en pratique sans devoir recevoir d'audition. En fait, il y a des séminaires de week-end qui coûtent 90 euros pour que les gens puissent apprendre à auditer et puissent s'auditer eux-mêmes, ce qui n'est pas grand-chose.

La cause est vaste, en finir avec les drogues, faire respecter les droits de l'homme, rendre les gens maîtres de leur vie, etc. Ainsi, toute personne qui souhaite contribuer est la bienvenue, car notre cause est positive et ouverte à tous.

154

LE POUVOIR DE LA PAROLE

51

Quand peut-on s'en aller... ?

Que se passe-t-il si l'un de ses fidèles décide de partir, est-il libre de le faire ou recourt-on à une « méthode » quelconque pour le convaincre ou le ramener ?

Celui qui veut quitter la Scientology, s'en va. En fait, ceux qui disent ces âneries sont partis... n'est-ce pas ? Ou peut-être même qu'on les a mis dehors. Toutefois, il serait irresponsable de notre part de ne pas essayer de trouver ce qui les a poussés à partir (c'est quelque chose qui intéresse n'importe quel « service Qualité » de toute entité qui se respecte), surtout si vous avez constaté que la personne a eu une série d' « améliorations ». Nous aimons savoir ce qui s'est passé, au cas où quelque chose n'aurait pas été fait correctement. Si j'ai un ami qui fait quelque chose qui lui est bénéfique, j'aimerais savoir pourquoi il ou elle arrête. Il peut me le dire ou non, mais mon devoir moral et éthique est d'au moins me soucier de lui.

Et puis il y a une autre facette. Peut-être que cette personne nous a fait du mal secrètement. Et j'aimerais le savoir aussi. C'est une question d'amitié ou de responsabilité, on veut savoir ce que l'autre a fait ou ce que vous lui avez fait.

Il arrive que dans certaines émissions de télévision, aux États-Unis ou en Angleterre, on dise qu'il est très difficile de quitter votre Église, en particulier l'Organisation Maritime à laquelle vous appartenez ; on dit aussi qu'on est soumis à des « réclusions de guérison ». Vous est-il arrivé de le faire ?

La fausseté et l'exagération : cela se vend assez bien à cause de la curiosité mal placée que cela génère. En plus de vingt ans de carrière au sein de l'Organisation Maritime, j'ai vu des gens entrer et sortir à leur guise qui, après avoir été au service de leur vocation quelques années, ont décidé de se consacrer à autre chose. J'ai de nombreux amis qui ne font plus partie de l'Organisation Maritime que je remercie du service rendu, et beaucoup d'autres qui continuent à se consacrer à rendre ce monde meilleur malgré les sacrifices personnels que toute grande cause implique et que je soutiendrai jusqu'au bout de mes forces.

Celui qui me connaît depuis que je suis tout petit et qui sait ce que je fais pourra voir que je réalise mon rêve. Il serait stupide de ma part d'abandonner parce que parfois des gens sans cœur veulent nous attaquer. Pouvez-vous imaginer une infirmière abandonner son patient parce que quelqu'un essaie de la décourager ? Pas moi.

52
Mariages interreligieux

Une personne qui n'appartient pas à votre Église peut-elle en épouser un membre ? Doit-elle d'abord se convertir ?

Non, tout scientologue peut épouser la personne qui, selon lui, le rendra heureux, quelle que soit sa croyance religieuse ou idéologie politique. Il n'y a aucune objection de la part de l'Église, bien sûr. Cela ne veut pas dire qu'un couple dont les convictions religieuses ou politiques sont divergentes, ne puissent rencontrer de défis ou de difficultés, mais dans notre cas, la tolérance et le respect de la part de l'église et du paroissien sont primordiaux, selon les préceptes du Chemin du bonheur[24].

Je connais des cas de mariages mixtes qui fonctionnent et des cas de mariages de scientologues qui ont dû résoudre de nombreux problèmes entre eux.

En fin de compte, il s'agit d'à quel point vous parvenez à connaître votre partenaire.

Tout ce que nous disons, c'est que les problèmes peuvent toujours être résolus, et il existe même une technologie que notre fondateur nous a laissée pour résoudre nombre des problèmes qui peuvent surgir dans les relations conjugales, à condition que les deux y travaillent. Mais la règle la plus importante est le respect de l'autre. Je connais de nombreux couples pour lesquels cela a été fondamental, et je le recommande personnellement.

53
Une batterie de questions d'Internet...

J'aimerais replacer la série de questions et réponses suivantes dans leur contexte. Certaines d'entre elles peuvent sembler redondantes, mais je crois qu'elles contextualisent une façon de penser à propos de la Scientology qui persiste encore dans la rue. Elles ne sont qu'un échantillon de ce que j'ai reçu en 2009 lorsque j'ai posé deux questions sur ce sujet par l'intermédiaire des réseaux. Les questions suivantes, qui seront en italique, ne sont pas les miennes, mais sont posées par des personnes anonymes d'internet. Toutes sont rassemblées sous le numéro 53 formant un bloc.

L'Église de Scientology est-elle une secte destructrice ?

Résumé des réponses des internautes à cette question :

Oui, c'est une secte destructrice. Elle l'est parce qu'elle semble être élitiste et exige de ses pratiquants qu'ils se donnent corps, âme et poche aux doctrines qu'elle enseigne.

Ce n'est pas une secte destructrice, mais un culte destructeur. Un culte impose ses normes et ses idées à ses membres, tandis qu'une secte en tant que telle a des adeptes et des croyants, mais aucun membre ne forme une hiérarchie définie avec des devoirs et des obligations. Cela dit, pour être considérée comme un culte, la doctrine de la Scientology devrait être quelque chose de nouveau, mais puisqu'il s'agit d'un remaniement des concepts de la Dianétique, peut-être qu'elle relève en fait de la définition d'une secte.

Réponse d'Ivan Arjona (I.A.)

Les plus grands experts mondiaux dans les domaines de la religion comparée, de l'histoire des religions, des études religieuses et de la sociologie s'accordent à dire que la Scientology est une religion de portée mondiale. Sans vouloir vous ennuyer, mais parfois on peut penser qu'il ne sont que deux ou trois, je vais vous en donner une liste : le Dr Bryan Wilson, professeur émérite de sociologie à l'université d'Oxford de 1963 à 1993 ; le Dr Geoffrey Parrinder, ancien professeur de religion à l'université de Londres ; le Dr James Beckford, professeur de religion à l'université de

Warwick ; le Dr M. Darrol Bryant, professeur de religion et de culture, Renison College, Université de Waterloo, Canada ; Dr. Regis Dericquebourg, professeur de sociologie de la religion, Université de Lille III, France ; Dr. Alejandro Frigerio, professeur associé de sociologie, Université catholique d'Argentine ; Dr. Flinn, professeur adjoint d'études religieuses, Université de Washington, Missouri ; M. Fumio Sawada, huitième détenteur des secrets du Shinto Yu-Itsu ; Professeur Urbano Alonso Galan, théologien et philosophe, Madrid ; Professeur Dario Sabbatucci, professeur d'histoire des religions, Université de Rome ; Professeur Harry Heino, professeur de théologie, directeur de recherche, Église évangélique luthérienne de Finlande ; Professeur David Chidester, professeur de religion comparée, Université du Cap, Afrique du Sud ; Professeur Alan W. Black, professeur adjoint de sociologie à l'université de Nouvelle-Angleterre, Armidale, Nouvelle-Galles du Sud, Australie ; Massimo Introvigne directeur du Centre d'étude des nouvelles religions (CESNUR), en font partie. Mais aussi des autorités du monde du droit en Espagne par exemple, telles que le professeur d'État des droits ecclésiastiques Dionisio Llamazares, et d'autres professeurs comme Mercedes Murillo, Juan Ferreiro, Ricardo García, Jaime Rosell, et des professeurs de droit comme Rafael Valencia, Marcos González, Catalina Pons-Estel, Alex Seglers, Iván Jiménez-Aybar et je suis sûr d'en oublier quelques-uns.

Bien que ces experts aient des antécédents culturels et des méthodes d'analyse qui leur sont propres, ils ont tous conclu de manière indépendante que la Scientology possède les éléments et les caractéristiques nécessaires pour être qualifiée de religion authentique. Même le livre *La Scientology, la plus longue bataille*, pour lequel vous avez enquêté et que vous avez écrit, montre clairement ce qui précède. Mais indépendamment de tout cela, ce qui compte, c'est que les gens se sentent aidés. Ils sont de plus en plus nombreux, et ces gens finissent par passer davantage de temps à aider leur famille et leur environnement ; c'est donc une religion constructive. La Scientology est une religion ouverte à tous ceux qui veulent s'améliorer sans distinction de classe sociale, de profession, d'éducation et d'idéologie politique ; nous laissons l'élitisme à d'autres. En Scientology, on n'entre ni ne sort ; si on le sent, on pratique, si on ne le sent pas, on cesse de pratiquer la Scientology. Il peut s'agir d'un dévouement minimal, d'un dévouement sporadique ou d'un grand dévouement, chacun décidant librement. Ceux qui se consacrent à la Scientology ou à toute autre religion corps et âme, je peux vous assurer qu'ils ne le font pas par obligation, ce serait impossible dans notre religion. Et une fois de plus, on voit clairement que ce que l'on dit souvent de nous vient d'une profonde méconnaissance.

Si vous aviez la possibilité de poser à l'un de leurs dirigeants une ou plusieurs questions sur leurs croyances, leurs célébrités, leur argent, etc., quels seraient ces questions ?

Que font-ils pour améliorer l'environnement et le bien commun de la population ?

I.A.- Nous menons des campagnes de prévention contre les drogues, en donnant des conférences dans les écoles, en distribuant des livrets d'informations pour que les gens puissent décider par eux-mêmes s'ils veulent prendre des drogues, nous faisons connaître la Déclaration Universelle des Droits de l'Homme dans les écoles, sur Internet, dans la rue, à tout le monde. Nous aidons à réhabiliter les personnes qui sont tombées dans le monde de la drogue et nous leur montrons comment elles peuvent vivre sans elles.

Ron Hubbard a écrit un livre de préceptes à suivre, que vous soyez scientologue ou non, intitulé *Le Chemin du Bonheur*. Il s'agit de 21 conseils de bon sens que nous devrions tous mettre en pratique dans notre vie quotidienne. Bien sûr, avec des organisations partageant les mêmes idées, nous dénonçons de nombreuses lois injustes sur la santé mentale et le pouvoir donné aux psychiatres dans le monde entier. Notre travail est parfois dénoncé et critiqué parce qu'il est dérangeant, très dérangeant.

Lorsqu'on voit comment d'autres religions ou modes de vie confrontés à l'amélioration personnelle ont échoué, comment l'Église de Scientology peut-elle faire mieux si elle restreint également le choix personnel de ses membres ?

I.A. - L'un de ses principaux enseignements est que rien n'est vrai pour vous en Scientology si vous n'en faites pas l'expérience. Ainsi, la liberté de pensée du scientologue est plus grande que dans la plupart des religions puisqu'il n'y a pas de dogmes. Rien n'est acquis si vous ne le vivez pas. Il est impossible de restreindre la liberté de choix personnel, cela va directement à l'encontre des principes fondamentaux établis par son fondateur. De plus, la Scientology dispose d'une division qui se consacre à la correction des problèmes ou des erreurs techniques. Hubbard lui-même a écarté des techniques parce qu'elles ne fonctionnaient que de manière sporadique.

Si leur message est si important pour le bien de l'humanité, pourquoi la grande majorité de la population en est-elle privée et pourquoi seuls les riches peuvent y accéder, mais pas les moins fortunés, comme par exemples les populations du tiers monde ? Leur potentiel d'intelligence n'est pourtant pas moindre, pas plus que leurs besoins d'amélioration personnelle, mais ils ne semblent pas mériter les enseignements de la Scientology.

I.A. - Nos informations sont accessibles à tous ceux qui le souhaitent, comme je l'ai dit précédemment, quelle que soit leur classe sociale. Nous avons une série de fondements (contenue dans 18 livres) sur lesquelles tout le reste est fondé et cela a été mis à disposition des bibliothèques du monde entier. Nous leur avons envoyés ces livres gratuitement ; qu'elles les mettent dans leurs rayons ou non, ce n'est plus de notre ressort. Nous délivrons aussi des conférences gratuites, des séminaires gratuits, nous allons en Afrique, nous allons en Asie, nous allons partout où nous pouvons aller, et nous apprenons aux gens à lire et à écrire lorsque c'est nécessaire ; nous avons des centres dans le monde entier, surtout dans les pays les plus démunis, et en particulier dans le tiers monde. Mais nous sommes une religion modeste, même si cela ne semble pas être le cas, qui s'autofinance. Je ne pense pas qu'il y ait beaucoup d'organisations qui fassent autant avec si peu.

En l'absence d'informations sur la Scientology, la chose la plus pratique à faire est de se rendre sur internet et de se renseigner sur ce groupe. Après avoir lu certains articles sur le sujet, je ne peux pas me prononcer avec exactitude sur la question de savoir si je considère ou non ce groupe comme une secte, d'autant plus que même les conseillers du gouvernement n'ont pas été en mesure de les classer comme tel. La seule chose qui ressort d'autant d'opinions contradictoires est qu'il s'agit d'un groupe de personnes riches qui décident de trouver un sens à leur vie, plus facile à trouver quand on a moins d'argent, et vu de l'extérieur, cela ressemble plus qu'autre chose à la mafia sicilienne et à la structure fermée du Vatican. Et ça, dans le vocabulaire de la rue c'est ce que l'on appelle une secte.

I.A. – Il n'y aucune absence d'information. Quoi qu'il en soit, les personnes préfèrent une information à une autre et pensent, parfois à tort, que ce qui ne vient pas de la source elle-même, est neutre et vrai.

Regardez, nous prenons soin de nos locaux et essayons chaque fois d'en améliorer l'esthétique, afin de démontrer ainsi ce que nous représentons, c'est-à-dire la capacité à améliorer les conditions des choses et des personnes dans la vie. Nous serions également critiqués si nous avions une simple tente parce qu'on dirait alors « regardez où ils sont ». Je pense que quoi que nous fassions face à ce genre de raisonnement sans fondement, nous serons classés comme une secte peu importe nos actions. Des gens critiquent cette prétendue richesse, mais ils la recherchent constamment. De toute façon, nous ne sommes pas riches en tant qu'Église, et si vous nous comparez à toute autre religion, nous n'avons rien. Ce qui se passe, c'est que nous sommes fiers de nos réalisations et nous essayons de les montrer. Nous croyons en des environnements sains, lumineux, respectables, des environnements où l'on peut étudier et où ceux qui finalement viennent pour nous connaître, se sentent bien.

Notre religion ne sollicite ni les États, ni les entreprises, et elle se maintient, je le répète encore une fois, grâce aux dons et au travail de beaucoup. Notre travail nous coûte et nous en sommes fiers. Cela ne cause de tort à personne, même si cela semble déranger certains.

En général, les psychiatres et les psychologues s'accordent à définir la méthode Dianetics comme une porte ouverte à la manipulation.

I.A. - Le criminel finira toujours par accuser les autres de ses crimes. J'imagine qu'un jour nous aurons l'occasion d'étudier ce qu'est vraiment l'industrie de la mort, comme de nombreux scientologues et non scientologues définissent les pratiques et abus de la psychiatrie et j'imagine que, comme cela s'est déjà produit jusqu'à présent, de nombreux procès seront intentés. La bonne nouvelle, c'est que l'ONU est déjà sur le dos des pays pour qu'ils éradiquent les pratiques abusives en psychiatrie.

Ils ont été accusés d'utiliser cette méthode comme une forme de contrôle des adeptes. Ils ont été accusés d'utiliser cette technique comme un détecteur de mensonge. Qu'y a-t-il de vrai ?

I.A. – Souvent on prend des vessies pour des lanternes, comme dit le proverbe. On nous a même accusés de la maladie qui a mis fin à la vie de Franco, de la mort de Carrero Blanco, de la révolution des œillets au Portugal et de mille autres idioties, mais en fin de compte ce qui importe, ce ne sont pas les accusations mais ce que l'on démontre avec des faits et des actions. Nous avons montré que les personnes qui pratiquent la Dianetics ou qui entrent en Scientology et la pratiquent, se retrouvent elles-mêmes, devenant ainsi très peu manipulables. Ceux à qui conviennent la Dianetics et la Scientology devraient la pratiquer, et ceux à qui ça ne convient pas, ou n'osent pas, eh bien qu'ils cherchent leur voie, ce n'est pas ce qui manque.

Nous essayons de faire que les gens cessent d'être manipulés comme ils sont en train de l'être, manipulés socialement et constamment par une société de consommation qui leur fait perdre la tête. Quand on parle de détecteur de mensonge... certains l'appellent ainsi mais cela n'a rien à voir, ils font référence à un instrument religieux que nous appelons électromètre qui ne détecte pas la vérité ou le mensonge, mais la charge émotionnelle ou le désaccord que le sujet a en relation avec la chose à laquelle il pense. Cela permet de trouver la zone de pensée à travailler spirituellement, et en l'abordant, en l'étudiant et en y faisant face, la charge émotionnelle négative disparaît, mais non l'expérience elle-même. Bien sûr, une charge négative sur une question particulière peut déterminer un résultat que l'on peut confondre avec la vérité ou le mensonge, mais cela n'est pas important en soi. L'important est que la personne soit suffisamment courageuse pour aller de l'avant plus sainement.

Où sont stockées les informations que vous obtenez et comment sont-elles utilisées par la suite ?

I.A. – Le fait est que pour être sûr et pouvoir mesurer que le progrès spirituel de la personne est correct, qu'il n'y a pas d'obstacles, qu'il n'y a pas d'erreurs, l'auditeur prend une série de notes sur une feuille de papier. Ce sont des notes des mouvements de l'aiguille de l'électromètre et un résumé de ce que dit la personne (pas de sténographie), et cela est conservé dans des dossiers qui sont gardés de manière totalement confidentielle. Il s'agit du secret professionnel, le secret de la confession, et ce secret est sacré. En Espagne, par exemple, même moi en tant que Président de l'Église, je n'ai pas accès à ces dossiers, à ces documents. Cette information reste entre la personne auditée, l'auditeur et un superviseur, qui s'assure que la technique est appliquée correctement. Il est strictement interdit à l'auditeur et au superviseur de révéler ou d'utiliser ces informations et s'ils les utilisaient ou les révélaient, ou s'ils menaçaient de le faire, ils seraient expulsés de l'Église, sans parler des conséquences juridiques qui en découleraient pour eux. Les auditeurs signent généralement des documents de confidentialité, qui prévoient une indemnisation très élevée en cas de violation du secret. Ces notes sont conservées sous clé et seul un très petit nombre de personnes autorisées peuvent entrer dans la pièce où elles sont conservées et ce sont uniquement des ministres de l'Église. Même dans ce cas, elles ne pourraient consulter les dossiers, car seule celui qui assiste personnellement cette personne peut y avoir accès. Toute accusation contraire s'est toujours révélée fausse.

Un groupe de membres de la Scientology peut-il utiliser de telles techniques pour réaliser des actions à son propre profit ?

I.A. – Nos procédures internes d'éthique et de discipline l'interdisent et le rendent difficile. Les techniques sont protégées par la propriété intellectuelle dans le monde entier, de sorte que si l'on découvrait qu'une personne tente de l'utiliser pour un « bénéfice personnel » plutôt que pour aider quelqu'un, on lui interdirait de l'utiliser.

Certaines personnes ont été poursuivies en justice pour avoir utilisé des techniques de Scientology et de Dianetics de manière non autorisée ou incorrecte et elles ont dû cesser.

D'une manière générale, la Scientology a fait face à une accusation de fraude en France. Que s'est-il passé, quelle est la sentence, et que faites-vous des membres qui agissent de manière frauduleuse ?

I.A. – Quand quelqu'un agit frauduleusement, il est sanctionné et peut même être expulsé. Mais en France, il y a une grande chasse aux sorcières. C'est un pays qui s'est consacré à brûler des églises, à tuer des religieuses et des prêtres dans une histoire pas trop lointaine et où il reste encore quelques obsessions issues de ce passé. La société française est tolérante et opère avec un goût pour la liberté, l'égalité et la fraternité, mais elle garde encore certaines traces de l'Inquisition dénuées de sens.

Ce qui s'est passé en France, c'est que certains groupes antireligieux ont faussement accusé l'Église d'escroquerie et de pratique illégale de la pharmacie pour la prise de vitamines... il semble que maintenant si vous voulez manger plus de 10 oranges dans une journée, cela peut être un problème à cause des fortes doses de vitamine C... Allons-donc ! Alors qu'à l'Église, on ne soigne personne, on ne conseille ni ne prescrit aucun médicament, puisque c'est le travail des médecins. Nous nous occupons de l'âme, de l'esprit, et oui, nous recommandons que les gens aient une bonne nutrition, ce qui nécessite parfois des suppléments de vitamines, mais nous ne les prescrivons pas ni ne les vendons. De nombreux scientologues avaient l'habitude de prendre des vitamines avant même de connaître la Scientology, tout comme de nombreuses autres personnes qui n'ont rien à voir avec nous. Cette pratique est très répandue en Angleterre, en Hollande ou aux États-Unis, où elles sont vendues dans des magasins spécialisés et même dans des supermarchés.

Le 24 novembre 2015, la Cour d'appel de Paris a condamné l'État français à verser 35 000 euros à l'Association spirituelle de l'Église de Scientology-Celebrity Centre et à quatre de ses membres pour déni de justice et faute grave. L'Église a fait valoir devant le juge que le fait que le ministère public ait demandé sa dissolution lors d'un procès en 2009 était non seulement illégal, mais constituait une faute grave pour laquelle l'État devait être condamné. La Cour d'appel de Paris nous a donné raison : « *…cette déficience caractérisée du parquet (…) caractérise la déficience du service public de la justice à remplir la mission dont il est investi* ».

L'État français a également été condamné pour déni de justice en violant le droit de l'association et de certains de ses membres à recevoir justice dans un délai raisonnable. Insatisfait de cet arrêt, l'État a tenté de le contester devant la Cour de cassation. La Cour de cassation a rendu son arrêt le 22 mars 2017, confirmant en tous points la décision de la Cour d'appel et considérant que l'État ne pouvait en aucun cas en contester le contenu. C'est la deuxième décision de la Cour de cassation en faveur de l'Église de Scientology en 2017. En effet, le 12 janvier 2017, la plus haute juridiction du pays avait déjà confirmé la condamnation de l'association UNADFI (Union des associations de défense des familles et de l'individu, qui est en fait une association antireligieuse) qui s'était constituée partie civile contre les scientologues de manière illégale et en toute mauvaise foi dans la même affaire (2009). Finalement, la procédure pénale que vous évoquez se caractérise par une « déficience du parquet » et une seule partie civile qui « a fait preuve d'une mauvaise foi manifeste » et a « commis un abus du droit d'ester en justice ».

<u>Note de l'auteur :</u> Lors d'un de mes voyages en Angleterre avec Ivan et sa famille, je me souviens qu'ils sont entrés dans un magasin pour acheter d'énormes pots de vitamines de toutes sortes, et les ont pris comme des bonbons. Comme eux, beaucoup de gens faisaient la même chose. Une pratique courante sans conséquences majeures. Vous n'avez pas besoin d'une ordonnance ou de quoi que ce soit d'autre. Cependant, dans d'autres pays, comme l'Espagne, le contrôle des vitamines semble se faire dans les pharmacies, l'industrie ne permettant pas à l'État espagnol d'en faire à sa tête. Le ministère de la

santé semble avoir les mains liées dans trop de domaines.

De même, en travaillant sur mon précédent livre *La Scientology, la plus longue bataille*, je suis tombé sur le cas d'une femme, en France, qui s'était sentie trompée après avoir assisté à quelques séances d'audition dans les locaux de la Scientology à Paris. J'ai enquêté sur l'affaire et j'en ai tiré des conclusions intéressantes. L'une d'entre elles est qu'il est très difficile d'appliquer les techniques de la Scientology à des personnes qui ont été abîmées par des thérapies psychiatriques.

Il y a aussi des gens qui passent leur vie à chercher en permanence le salut dans des solutions magiques qui ne demandent pas trop d'efforts. Lorsque les gens sont audités en Scientology, on leur demande de ne pas recourir à d'autres thérapies pendant le processus. On ne peut pas faire d'audition le matin, de la MT l'après-midi et du Reiki le soir, ce serait n'importe quoi, surtout émotionnellement. De toute façon, dans le cas pénal qui s'est produit en France, il y avait un peu de tout et sous le couvert d'une loi injuste, le ministère public s'en est donné à cœur joie.

On prétend que la Scientology utilise un langage scientifique alors qu'elle n'est pas une religion basée sur la science. Qu'en est-il ?

I.A. - Scientology vient du mot SCIO qui signifie « savoir » ou « connaissance » et LOGY « étude de », donc « étude de la connaissance ». Le langage est scientifique dans ce sens, bien que nous ayons toujours dit que nous avions notre propre langage. Aujourd'hui, on ne considère comme une science que celle qui est étudiée en tant que telle dans une université, mais même le droit est une science. Si nous disons science au sens actuel du terme, la Scientology n'est pas une religion basée sur la science. Maintenant, si nous parlons de la science comme d'une connaissance des choses, alors oui.

C'est une religion basée sur la connaissance de la vie ; que certains veuillent l'appeler science et d'autres pas, ça m'est égal, elle est fondée sur la connaissance. Et étant très puriste, pour nous, si la science est celle qui, après avoir appliqué une méthodologie, permet d'observer un résultat reproductible et constant, alors oui ce serait une science. Personnellement, je préfère ne pas tomber dans cette controverse et que chacun décide par lui-même, et si cela fonctionne pour lui, en avant !

Les journalistes qui critiquent la Scientology disent avoir été harcelés par des poursuites judiciaires et avoir subi des attaques personnelles. Qu'en est-il ?

I.A. – Les journalistes qui émettent des critiques ne sont pas harcelés. Ce que nous faisons, c'est essayer de les contacter pour leur présenter la réalité, afin qu'ils aient l'information exacte sur ce dont ils parlent ou ce sur quoi ils écrivent, parce que beaucoup de copier-coller se fait à partir d'Internet... Il est incroyable que, de nos jours, avec les facilités qui existent, tant de journalistes se contentent de suivre les instructions qu'on leur donne sur ce qu'ils doivent dire et penser.

Il est dommage qu'après avoir passé des années à l'université pour savoir comment trouver et communiquer la vérité sur les choses, ils deviennent de simples perroquets, de simples marchands de chaos au lieu de regarder par eux-mêmes.

Lorsque vous mentez et que quelqu'un commence à le dénoncer et à vous faire face, bien sûr, vous vous sentez mal à l'aise et pensez que vous êtes harcelé. C'est comme le voleur qui est poursuivi par la victime ou la police avec un téléphone portable volé dans la main, il se sent harcelé.

Mais bon, s'ils disent beaucoup de mensonges, nous nous défendons généralement devant les tribunaux si nous estimons qu'ainsi ils cesseront de mentir ou de faire preuve de partialité.

Plusieurs gouvernements ont enquêté sur les activités de la Scientology. L'Allemagne, la France, le Royaume-Uni et le Canada, entre autres, ont pris officiellement position contre eux. Comment cela est-il possible ?

I.A. – En France, les choses se calment, bien qu'on nous accuse encore, ainsi que d'autres organisations religieuses, sous n'importe quel prétexte. J'imagine que cela cessera bientôt, car il y a déjà des améliorations notables. En Allemagne, nous avons eu beaucoup de problèmes dans le passé, mais après avoir gagné plus de quarante procès ces dernières années, il a finalement été reconnu que l'article quatre de leur constitution nous protégeait[25] (liberté de religion). La Cour administrative fédérale allemande a rendu une décision historique en 1997 concernant la nature idéaliste de l'Église de Scientology, qui constitue un précédent important. Le Tribunal administratif fédéral a non seulement reconnu le caractère religieux de la Scientology, mais a également estimé que les pratiques de collecte de fonds de l'Église de Scientology de Neue Brücke n'avaient rien de préjudiciable, car elles servent des objectifs et des convictions religieuses :

> En outre, est sans importance, pour l'établissement d'une activité commerciale, la manière dont les membres financent les activités de leur association. Le fait qu'une association demande une rémunération pour des services rendus ne constitue pas en soi un indicateur d'activité commerciale[26].

Le même tribunal a également noté que l'Église de Scientology était une association idéaliste servant des objectifs religieux et non commerciaux. Malgré cela, certains hommes politiques continuent de faire des leurs dans ce pays, mais le Haut-Commissariat aux droits de l'homme des Nations-Unies prend actuellement des mesures sur ce sujet.

En ce qui concerne le Royaume-Uni, il faut dire que l'un des événements mondiaux les plus importants de notre Église s'y déroule, toujours sans aucun problème. Le 11 décembre 2013, la Cour suprême du Royaume-Uni a publié un arrêt à la fois historique et totalement unanime : la chapelle de l'Église de Scientology à Londres doit être reconnue comme un lieu de culte religieux au Royaume-Uni. Cette décision reconnaît sans équivoque le caractère religieux de la Scientology et grâce à elle, les cérémonies de mariage religieux des scientologues sont pleinement reconnues du point de vue du droit civil.

Les relations se normalisent partout et nous défendons même tout naturellement nos idées, notre foi et nos projets d'amélioration sociale au cœur même de l'Europe, à Bruxelles, où nous participons aux activités et aux débats du Parlement Européen, de l'Union Européenne et d'autres organisations internationales.

54

Covid19 et la réponse de la Scientology et des scientologues.

Les temps étant ce qu'ils sont (avril 2020), nous ne pourrions pas terminer ce livre, sans vous interroger sur le Coronavirus. Comment votre direction internationale et les scientologues ont-ils géré toute cette situation ?

Ce qui est devenu évident c'est que nous avons besoin les uns des autres, quelle que soit la cause. C'est pourquoi l'Église de Scientology fait tout son possible pour protéger son personnel, ses paroissiens et ses communautés de cette pandémie. Nous avons entre autres créé un centre de ressources en ligne sur la prévention en 17 langues à destination du grand public « Comment rester en bonne santé » (scientology.com/staywell), qui a été promu sur le site des Nations-Unies « Faith in the frontline with covid-19 »[27].

Fake news sur la Scientology, une approche actuelle.

Par Gabriel Carrión

Fake news se traduit de l'anglais par « fausses nouvelles ». Les fake news est le nom donné aux nouvelles qui manquent de véracité et qui sont transmises par divers portails d'information, médias et réseaux sociaux comme si elles étaient réelles.

Alors que ce livre était fini et sur le point d'être publié, deux histoires liées à la Scientology sont apparues en Espagne qui, à mon avis, méritent d'être examinées. Non sans souligner, tout d'abord, la facilité avec laquelle les médias s'obstinent à fabriquer de fausses nouvelles concernant les croyances apparemment gênantes des autres. Bien que vivant dans des pays dont la constitution dresse la laïcité comme un drapeau ou la liberté de culte comme un étendard, la persécution systématique de la Scientology par certains médias ou sociétés d'édition est incompréhensible.

Les fake news telles que l'ingestion par Tom Cruise du placenta de l'un de ses enfants ou le départ de John Travolta de la Scientology après la mort de l'un des siens sont constamment rappelées. Même au niveau judiciaire, la direction de l'Église a été impliquée dans un procès en Espagne dans lequel l'organisation religieuse a été accusée de la mort de Franco, de celle de Carrero Blanco et de la révolution des Œillets au Portugal. Des fausses nouvelles ont été cimentées par les calomnies publiées sur Internet, continuent de se répandre comme une traînée de poudre et sont ensuite reproduites à la télévision par des producteurs qui n'ont d'autre intention que de restreindre la liberté d'expression ou de répandre des mensonges servant des intérêts fallacieux, et qui dans de nombreux cas ont des croyances religieuses différentes de celles qu'ils critiquent.

Ces montages de toutes pièces qui durent constamment depuis les années 1950, loin de se terminer, continuent de s'accroître, comme le montrent deux événements survenus en Espagne au cours de ces derniers mois.

Équipe d'investigation - quoi ?

En janvier 2020, une émission intitulée Equipo de Investigación, diffusée par la chaîne de télévision privée La Sexta, a misé sur la réalisation d'un documentaire sur la Scientology. Ils ont contacté Ivan Arjona et moi-même.

Dès le premier instant, aussi bien Ivan que moi leur avons dit que nous acceptions d'être interviewés pour le documentaire. Dès les conversations préalables, Ivan et moi avions clairement compris qu'ils allaient construire un faux documentaire, dans lequel ils allaient remuer la boue pour obtenir, dans le peu de temps que le reportage durait, tous les mensonges possibles. Mensonges sans possibilité de contester, informations fallacieuses et, avec le temps de parole restant, manipulation de tout ce que Ivan leur dirait. Ainsi en a-t-il été.

J'ai été interviewé à Madrid, après qu'ils m'aient proposé de payer mon voyage parce qu'ils « ne pouvaient pas venir à l'endroit » où je vis, un pieux mensonge puisque je savais qu'ils allaient se rendre à Séville, et dans d'autres lieux d'Espagne. J'ai été interviewé la deuxième semaine de janvier dans la bibliothèque de Carabanchel. Je suis arrivé à la gare et ils m'ont envoyé un taxi et à midi moins le quart, j'étais assis sur une petite scène qu'ils avaient installé dans le hall de cette bibliothèque au deuxième étage.

J'ai eu une interview de quatre heures et trente minutes enregistrées. Au cours de cette interview, j'ai été soumis à un véritable interrogatoire. Alors que toutes les quinze ou vingt minutes je leur disais que, d'après leurs questions je savais déjà que très probablement ils allaient faire un reportage biaisé, le journaliste de service me répondait que non, qu'ils enquêtaient pour bien faire les choses.

Après quatre heures et demie, même eux étaient fatigués et nous avons décidé de mettre fin à l'interrogatoire. Ils ne m'ont même pas donné de collation. Quelle gêne a dû ressentir le pauvre journaliste lorsqu'il m'a dit d'aller manger et de lui envoyer la note de mon repas. Ce que je n'ai pas fait bien sûr. Avant de quitter la bibliothèque municipale, j'ai offert le livre que j'avais apporté, *Scientology la plus longue bataille*, à la bibliothèque Luis Rosales. Ces journalistes ne leur avaient jamais rien offert, pas même un geste de la production, jamais, même en de précédentes occasions.

Peu de temps après, assis dans un petit bistrot près du Prado, j'ai appelé Ivan, qui était à Bruxelles, et nous avons échangé sur ce qui avait été dit. Je l'ai prévenu sur l'interrogatoire à laquelle il allait être soumis. Ma parole, qui ne pouvait pas grand-chose, a fait, à ce stade, ce qu'elle pouvait et pas beaucoup plus.

Avant l'enregistrement d'Ivan, qui a eu lieu quelques jours après le mien, nous savions déjà qu'ils avaient enquêté partout, à Séville, dans les locaux de Narconon, à Barcelone, et même à Los Angeles. Ils avaient tout réglé en pratiquement une semaine, avec les mêmes personnes qui apparaissent dans tous les reportages contre la Scientology faits de par le monde. En à peine un mois et demi, avec une interview en faveur de la Scientology, une autre fondée sur le bon sens et toutes les autres à charge, je le répète avec les mêmes opposants que tout le monde avait déjà rencontrés auparavant, l'équipe d'investigation a fait un travail magistral, en avant pour le prix !

Après tout ce tintouin, j'apparais 47 secondes à l'écran, et l'interview d'Iván a été fragmentée à l'envi afin de faire ressortir les quelques aspects qui, après presque trois heures d'enregistrement, étaient négatifs, peut-être à cause de la fatigue ou par étourderie au moment de préciser une donnée. Ils ont par contre laissé parler la belle-fille de Placido Domingo qu'on entend toujours dans ces cas-là, puis les deux mêmes personnes qui fulminent contre la Scientology depuis plus de vingt ans. Enfin lorsqu'ils sortent leur navet télévisé, ils apparaissent dans tous les programmes qui en font la promotion, affirmant que c'est le documentaire le plus difficile de leurs neuf ans de carrière. Eh bien, si jamais ils devaient un jour faire une investigation sérieuse, je ne parierais pas sur le résultat.

Ils n'ont rien apporté de nouveau, sauf une mauvaise opérette de plus, dont j'imagine que même les journalistes qui l'ont faite ne se sentent pas fiers. Je me souviens de ce journaliste : le pauvre gars semblait être accablé chaque fois qu'il disait « non, nous allons être impartiaux, oui ».

Avant même la diffusion du documentaire, j'ai eu l'opportunité d'écouter l'audio de l'interview d'Ivan Arjona et j'ai pu faire la liste de chaque moment qu'ils allaient utiliser contre lui, et c'est bien ce qu'il s'est passé.

Et après ils se demandent pourquoi les membres de la Scientology ne leur répondent pas.

Je ne veux pas pour autant incriminer les journalistes qui ont fait le travail, mais plutôt la ligne éditoriale, qui est fade et se nourrit de médiocrité et de manipulation.

La prochaine fois, si vous voulez apprendre quelque chose, il vous suffira de lire le présent ouvrage, c'est aussi simple que cela.

De Cayetana à Cayetano

Je considère comme fake news ou fausses nouvelles celles qui, sans être tout à fait des mensonges, utilisent des bouts de vérité pour salir quelque chose qui est généralement assez clair.

Le 30 août dernier, quelques jours avant la sortie du livre écrit par Cayetano Martínez de Irujo *De Cayetana a Cayetano*, j'ai reçu un article du magazine Vanity Fair faisant la promotion de ce livre, avec le titre suivant : « Le drame secret de Cayetano Martínez de Irujo : son passage par la Scientology ».

Tout d'abord, on lit ceci et on se dit : « Wow, qu'ont-ils bien pu lui faire au cours des deux ou trois dernières années ? » J'ai pourtant des photos de lui prises lors d'une manifestation caritative organisée par la Scientology à Madrid, tandis qu'il pose avec Ivan Arjona, Rafael Amargo et un de ses amis intimes scientologue. Mais je ne voulais pas rester sur cette impression et bien qu'à l'époque j'étais occupé à d'autres choses, j'ai décidé de demander le livre au Père Noël et le 24 décembre 2019 il me l'a laissé sous le sapin.

Le livre était paru depuis septembre et bien qu'il ait fait peu de bruit, il avait obtenu de curieux titres d'articles de presse, où l'on avait l'impression que ce qui prévalait dans tout le livre était que la Scientology avait escroqué Cajetan d'un peu moins de deux millions des anciennes pesetas, soit environ douze mille euros.

J'ai choisi trois journaux au hasard comme références et pour servir d'exemples.

El Mundo[28]

Si vous copiez le lien en référence dans la barre de n'importe quel navigateur, vous trouverez une interview filmée du journal El Mundo dont le titre est : « Cayetano Martinez de Irujo : j'ai mis deux millions de pesetas dans la Scientology à la recherche de soulagement ».

Puis, dans un sous-titre de la même interview, il prend ses distances en disant : « La foi est réconfortante, mais elle ne donne pas d'outils. Les outils sont donnés par la psychologie et la médecine ».

Jusqu'ici, tout va bien, chacun peut vraiment dire ce qu'il pense. Mais je suis allé un peu plus loin dans l'interview, pour ne pas rester bloqué sur le gros titre, et le présentateur a posé la question suivante :

- Dans les moments de souffrance intérieure, êtes-vous devenu la victime sacrificielle d'une croyance qui vous apportait un soulagement ? La Scientology, par exemple ?

Ce à quoi Cayetano a répondu :

- C'est très bien vu. J'ai mis deux millions de pesetas, parce que j'avais été attrapé par un mec, un Égyptien ou un Tunisien, et j'ai fait une purification de 20 jours dans un sauna. Oui, j'essayais tout ce qui pouvait me soulager, mais j'étais suffisamment conscient pour ne pas rester coincé. Quand cela ne m'a plus servi, je me suis dit : « Je m'en vais d'ici ».

La réponse de Cayetano étant quelque peu ambiguë et ayant été dirigée par le journaliste, nous voyons comment l'interviewé peut être orienté pour obtenir la manchette qui intéresse. Cela ne se nuance plus par la suite et reste ainsi sur Internet pour toujours. D'un côté, la personne interviewée est une victime et de l'autre, il est si intelligent qu'il peut partir quand il veut de n'importe quel endroit où il serait entré. Je pense qu'il n'est pas nécessaire de détailler davantage pour que chacun comprenne qu'on essaie de fabriquer une histoire fausse ou du moins malintentionné.

Maintenant, si vous voulez bien, parlons de Vanity Fair[29].

Si vous faites de même et copiez l'adresse en référence dans un navigateur Internet, vous obtiendrez un titre incroyable :

« Le drame secret de Cayetano Martinez de Irujo : son passage par la Scientology ».

Son drame n'était pas qu'il vivait dans un environnement catastrophique, comme il le raconte dans le livre avec une totale sincérité, ni que sa famille était toujours totalement déstructurée, que les frères ne se parlent pas, qu'ils se sont battus à mort pour le butin de la Maison d'Alba, ou ses relations avec le monde de la nuit et ce que cela implique. Non, le plus important est son passage par la Scientology, auquel le livre ne consacre pourtant que quelques lignes.

J'ai choisi ce passage publié par Vanity Fair : *« Le cavalier a accordé une interview à XL Semanal pour promouvoir le livre pour lequel il a déjà eu plusieurs gros titres. Parmi les choses plus surprenantes : son flirt avec les drogues – "la cocaïne m'a complètement perturbé" -, sa relation tourmentée avec l'amour et le sexe – "je vivais dans une obsession : séduire les femmes. Aucune ne me résistait" - et un fait particulièrement frappant : son passage de deux ans en Scientology : "C'était difficile d'en sortir, vraiment. Cela m'a coûté deux millions de pesetas. J'ai essayé tout ce qui pouvait m'aider", confie-t-il à l'interviewer. Cayetano est entré dans cette église en cherchant des réponses à une enfance difficile et solitaire au Palais Liria, marquée par la disparition précoce de son père – "le vide qu'il a laissé était énorme", a-t-il déclaré dans Vanity Fair en 2017 ».* Pour terminer avec le récit de la déconstruction d'une nouvelle, j'ai regardé d'autres titres pour voir si quelqu'un faisait écho à sa vie dissolue, de sexe, drogues et rock and roll, ou si au contraire l'utilisation de la Scientology était un exemple clair du fait que mentionner cette croyance fait vendre. Je n'ai pas besoin de vous faire un dessin pour que vous deviniez la réponse.

La Vanguardia[30]

Si vous continuez avec l'adresse web en référence, vous obtiendrez la même chose.

Cayetano y révèle également qu'il a pratiqué la Scientology, en 1999, comme thérapie pour surmonter les traumatismes de son enfance. Il admet que cela lui a été d'une grande aide et qu'après deux ans, il est parti, bien que cela lui ait coûté et qu'il ait dû payer deux millions de pesetas.

Voyons voir : partir ne lui a absolument rien coûté et cet argent a été payé pour des services reçus pendant deux ans, ce qui, il l'admet (et cela n'est publié que par le journal catalan), lui a été d'une grande aide.

Où en étions-nous ? Oh, et la Scientology n'est pas seulement pratiquée, elle génère la foi. Quand le personnel réalisera-t-il qu'une religion est bien plus qu'une foi, quelle qu'elle soit ?

Et je suis finalement allé à la source écrite, le livre. Je ne pense même pas que Cayetano lui-même soit la source la plus fiable. Je me suis assis confortablement et j'ai ouvert le texte en espérant trouver parmi ses 308 pages les moments terrifiants vécus en Scientology, car les titres ne reflétaient que ces expériences atroces.

Cependant, après avoir lu, souligné et relu certaines parties, j'ai découvert une histoire qui n'avait rien à voir avec la Scientology.

Ce livre, écrit à la première personne est le récit d'un homme tourmenté qui erre depuis de nombreuses, de très nombreuses années, brûlant les étapes et vivant du mieux qu'il peut, au sein d'une famille brisée, où la peur et la terreur régnaient parfois. La Maison d'Alba était, selon Cayetano, un lieu atroce où il n'y avait pas de relations affectives entre ses membres, et dès son enfance, apparemment malheureuse, il a plongé dans la peur et la destruction intérieure pleine d'expériences horribles qu'il raconte avec un luxe de détails. Une vie qui ne se termine pas mieux, étant donné qu'aujourd'hui, semble-t-il et selon ce qu'il dit, une fois sa mère morte, la famille reste désunie et les frères et sœurs ne se parlent toujours pas. En somme, un joyau familial dont beaucoup d'entre nous ne voudraient pas, même en peinture.

Dans cet enchevêtrement d'expériences traumatisantes, il en raconte une provoquée par une nounou qui apparemment les a maltraités, lui et son frère, en les emmenant dans un long couloir où tout au fond une jeune fille était déguisée en sorcière, et leur disant que s'ils ne se comportaient pas bien, elle les remettrait à cette femme. Cela a traumatisé Cayetano et l'a hanté pendant de nombreuses années. Aux pages 47 et 48 du livre, il le raconte de long en large, et à la fin, dans un petit paragraphe, il dit : « *Ce fut un tel impact et une telle peur que j'ai ressentie avec la scène de la sorcière, que bien des années plus tard, dans une thérapie de Scientology, mon corps a été secoué par un coup de fouet de terreur quand je me suis souvenu de ces épisodes* ». Fin de la citation.

Puis dans le dernier chapitre, on remarque que quelqu'un, probablement un éditeur du livre, [à mon avis] a proposé de caser aux forceps à nouveau le sujet de la Scientology. Nous sommes passés de la page 47 à la page 269 où, tout à coup, il consacre une page sans rapport avec le reste, dans laquelle il explique qu'avant de recevoir des techniques avec des thérapeutes aux États-Unis, psychiatres et autres, il a été lié pendant deux ans à un thérapeute de Scientology nommé Michel-Ange. Deux ans, dit-il, à trois séances hebdomadaires. Les rendez-vous avaient lieu à son domicile, et non dans les locaux de l'Église. Ils lui donnaient des vitamines, en particulier du potassium et du magnésium, et il a fait des exercices de gymnastique intéressants dont il ne nie pas le bien que cela lui a fait. En outre, selon ses propres dires :

> Lors d'une des auditions, j'ai réussi à me débarrasser de ma peur des apparitions de la sorcière. J'ai réussi à me libérer de la panique qui m'envahissait lorsque la femme courbée en noir se dirigeait vers nous.

Dans un autre passage, il reconnait :

> Pendant cette séance, j'ai tremblé comme un faon pris de terreur et figé devant la présence d'un gros chat, j'ai reçu un choc électrique et je me suis débarrassé de ma peur, mais pas de l'image qui elle survit. Maintenant, je ne bois jamais plus d'un verre, je profite de la vie.

C'est-à-dire que lui-même soutient que ses problèmes avec l'alcool en sont restés là, et il a résolu avec cette thérapie, qui se déroulait chez lui, au moins deux questions importantes. A la fin, comprenant qu'il ne faisait aucun progrès et, après deux ans et une dépense de deux millions de pesetas, à raison de trois ou cinq heures par semaine, il a décidé d'arrêter cette thérapie.

Personne ne l'a forcé à rester, et en fait, selon son propre récit il a renoncé à six cent mille pesetas qu'il avait versés qui auraient pu lui permettre de continuer ses thérapies. Et il l'a fait parce qu'il avait besoin de comprendre et qu'il n'avançait pas. J'imagine qu'il s'est simplement fatigué, car à part les chevaux et son amour pour eux, rien n'a été une constante dans la vie de Cayetano. Comme il le dit, il a abandonné, mais il en a parlé à un couple proche qui avait des problèmes pour vivre ensemble, ils ont assisté à une réunion puis ont arrêté rapidement. Et voilà pour l'histoire de la Scientology dans un livre de tant de pages. Et c'est cela qui a permis à des magazines aussi sérieux que Vanity Fair et le journal El Mundo de faire des titres aussi atroces que ceux lus auparavant. Ce sont deux exemples clairs de la manière dont les médias, conscients du pouvoir attractif du terme Scientology dans les gros titres, n'hésitent pas à sauter la partie la plus intéressante d'un livre, pour projeter une image d'une religion qui ne ressemble en rien à la réalité qui est décrite dans le livre. Que faut-il peaufiner, amender, corriger ? Beaucoup de choses. Mais Cayetano Martínez de Irujo n'était pas dans une secte, et personne ne l'a capturé. Certaines choses ont été résolues par les techniques d'audition et il a surmonté deux peurs importantes, modifiant sa relation avec l'alcool. Il est parti quand il le voulait et je le répète, une de ses connaissances est actuellement membre de la Scientology.

La vie est toujours plus facile quand la vérité est dite et *De Cayetana a Cayetano* est un livre intéressant, très intéressant, surtout pour connaître La Casa de

Alba et la vie de misères émotionnelles qu'ont vécu leurs enfants, avec des relations affectives ratées. Aujourd'hui, ils ne maintiennent même pas cette dignité de feindre l'affection, chacun dans la famille faisant la guerre pour son propre compte. C'est peut-être ce que les gros titres auraient dû refléter, tant les magazines que les médias télévisés, et non pas sortir du contexte et fabriquer une histoire dans le seul but de dénoncer des gens qui tentent d'avancer dans une voie religieuse. Correct ou non ? Seule l'histoire le dira.

Quant à Cayetano Martínez de Irujo, il m'a semblé être à un personnage fascinant. Et son livre d'une énorme sincérité, très intéressant ; dommage qu'au final le marketing de bas étage utilisé dans sa promotion ait obscurci sa fascinante sincérité. Félicitations à lui.

Gabriel Carrion,
Auteur et expert des
Nouveaux mouvements religieux.

GABRIEL CARRIÓN
Jumilla (Murcia), 1962

IVÁN ARJONA PELADO
Bonavista (Tarragona), 1980

Écrivain, scénariste et réalisateur. Il a travaillé comme journaliste d'investigation depuis 1985 dans la presse, la radio et la télévision. Expert des sectes et des nouveaux mouvements religieux, il a publié deux livres sur le groupe terroriste ETA.

Il collabore avec la presse libre et est conférencier sur différents sujets.

Il s'est retiré d'une grande partie de ses activités publiques en 2004 et les a reprises en 2008 avec des recherches pour le livre *Scientology, la plus longue bataille*, qui a été publié en 2011. Depuis lors, il a publié deux livres, dont l'un sur le développement personnel. Après plusieurs années, ce livre, LE POUVOIR DE LA PAROLE, voit le jour, un essai de questions-réponses qui répond de manière claire et simple à certains des sujets les plus brûlants liés à la Scientology, un sujet sur lequel l'auteur prévoit de publier trois autres livres et de terminer, en 2022, un projet qu'il a commencé en 2007, et auquel il aura consacré 15 ans de sa vie.

Il est devenu membre de l'Église de Scientology en 1997. Depuis 2002 il en est le Président en Espagne, et a obtenu la reconnaissance de son Église en 2007. Il crée une fondation en 2015 qui en 2019 a été reconnue comme ONG à statut consultatif par le Conseil économique et social des Nations-Unies. En 2017, il devient Président du Bureau européen des affaires publiques et des droits de l'homme, à partir duquel il représente les scientologues auprès de l'Union européenne, du Conseil de l'Europe, de l'Organisation pour la Sécurité et la Coopération en Europe et des Nations-Unies.

Il a donné des conférences sur la Scientology, la liberté religieuse et les droits de l'homme dans au moins six universités, au Parlement britannique, au Parlement Européen et aux Nations Unies, tant à Genève qu'à New York. Il a également été interviewé et publié dans de nombreux médias espagnols tels que TVE, La 2, Antena 3, Tele5, ainsi que dans divers médias en Autriche, en Belgique, en France, en Italie, etc.

www.ivanarjonapelado.es

Références

1 **Auditing** : conseil pastoral de Scientology ; tiré du mot latin *audire, qui* signifie « entendre ou écouter ». L'audition est une forme vraiment unique de conseil pastoral qui aide l'individu à regarder sa propre existence et améliore sa capacité à faire face à ce qu'il est et où il est.

2 **Voir le communiqué** de l'Église de Scientology à ce sujet https://www.scientologynews.org/press-releases/anonym ous-hate-group-member-sentenced-for-attack-on-scient ology-websites.html

3 **La phrase complète est disponible** ici : https://es.scribd.com/document/23263853/Dmitriy-Gu zner-Sentencing-Judgment

4 **Voir l'article** complet dans https://www.scientology.tv/fr/series/l-ron-hubbard-libra ry-presents/the-true-story-of-scientology.html

5 *Scientology les fondements de la pensée,* existe également sous forme de film et peut être consulté sur https://www.scientology.tv/fr/films-on-scientology-prin ciples/fundamentals-of-thought.html.

6 Voir le Credo de L'Église de Scientology ici : https://www.scientologie.fr/what-is-scientology/the-sciento logy-creeds-and-codes/the-creed-of-the-church.html

[7] **Dianetics** : du grec *día, qui signifie* « à travers », et *nous, qui* signifie « âme ». La Dianetics est une méthodologie développée par L. Ron Hubbard, qui peut aider à soulager les sentiments et les émotions indésirables, les peurs irrationnelles et les maladies psychosomatiques. Une définition la plus précise est : *ce que l'âme fait au corps par l'intermédiaire de l'esprit. Voir www. dianetique.fr*

[8] *La Dianétique : La Puissance de la pensée sur le corps :* L. *Ron Hubbard, NEW ERA PUBLICATIONS* ISBN-13 : 978-8776884581

[9] **La défragmentation** : La défragmentation consiste à regrouper les fragments de fichiers qui sont dispersés sur le disque dur afin d'optimiser le temps d'accès.

[10] **RTC** : vous pouvez en savoir plus sur https://www.scientology.fr/faq/church-management/reli gious-technology-center.html

[11] **E-Meter** : Un outil religieux de précision qui aide le ministre de Scientology à trouver des zones de détresse spirituelle pour aider le paroissien. Son utilisation est exclusive à la pratique de l'audition.

[12] **Lettre de politique administrative du HCO** : il s'agit de lignes directrices pour les actions administratives de l'HCO, le Bureau des Communications Hubbard (Hubbard Communication Office), qui était l'entité qui dirigeait et promouvait la Scientology dans le monde et qui était propriétaire des marques.

[13] **Voir l'article** complet sur https://www.scientology.fr/what-is-scientology/basic-pri nciples-of-scientology/personal-integrity.html

[14] **Voir l'article** complet sur
http://french.ronthephilosopher.org/page74.htm

[15] **La reconnaissance des Nations unies** peut être consultée sur le site
https://mejorandolasociedad.org/la-onu-reconoce-y-da-e
status-consultivo-especial-a-la-fundacion-para-la-mejora
-de-la-vida-la-cultura-y-la-sociedad.

[16] **Voir la** vidéo et les matériaux à l'adresse suivante :
https://fr.humanrights.com/what-are-human-rights/vide
os/do-not-discriminate.html

[17] *Le Chemin du bonheur* est un guide de bon sens écrit par L. Ron Hubbard. Plus d'informations sur
http://www.chemindubonheur.fr/

[18] **Voir** « Évaluation critique du modèle de propagande de Herman et Chomsky » par Joan Pedro
http://www.revistalatinacs.org/09/art/19_818_35_ULE
PICC_02/Joan_Pedro.html

[19] **Les Fondements :** C'est ainsi que sont connus les 18 livres qui constituent la base fondamentale de la Dianetics et de la Scientology
https://www.newerapublications.fr/introduction/the-bas
ics.html

[20] **Voir :**
https://twitter.com/policiademadrid/status/1246339218
709807104?s=12

[21] **Voir :**
https://twitter.com/feriademadrid/status/12478707791
04133121?s=20

[22] **Recherche de documents** « A/HRC/39/36 », (Santé mentale et droits de l'homme - Rapport du Haut-Commissaire des Nations Unies aux droits de

l'homme de 24/7/2018) à l'adresse suivante :
https://documents.un.org/prod/ods.nsf/home.xsp

23 **Voir les actualités :**
https://www.europapress.es/chance/gente/noticia-cienci
ologia-ayuda-john-travolta-superar-muerte-hijo-201001
30105959.html

24 **Le précepte 18** du *Chemin du bonheur* « respecter les
croyances religieuses des autres »
www.elcaminoalafelicidad.es

25 **Résumé du statut juridique de la Scientology** en
Allemagne :
http://www.scientologyreligion.fr/religious-recognitions
/germany.html

26 **Cour administrative fédérale allemande,** affaire n°
BVerfG 1 C 18.95, 1997

27 **Voir :**
https://www.unenvironment.org/faith-frontline-covid19

28 **Voir**
https//www.elmundo.es/loc/famosos/2019/10/12/5da0
4a1efdddff683b8b4825.html

29 **Voir**
https://www.revistavanityfair.es/sociedad/articulos/cayet
ano-martinez-irujo-cienciologia-memorias-drogas-mar-fl
ores/40239

30 **Voir**
https://www.lavanguardia.com/gente/20190903/47156
902095/cayetano-martinez-de-irujo-entre-ausencias-y-a
dicciones.html